Antisemitismus und jüdische Perspektiven stellen häufig eine Leerstelle in intersektionalen Debatten und Debatten über Intersektionalität dar. Das vorliegende Buch macht jüdische Positionen und Erfahrungen mit dem Konzept der Gojnormativität artikulier- und sichtbar. Es lotet das Verhältnis von Jüdischsein und Weißsein aus, geht der spezifischen Unsichtbarkeit von Juden_Jüdinnen nach und schaut sich Debatten über Antisemitismus und Gedenkpolitiken mit einem spezifischen Fokus an. »Gojnormativität« fordert ein anderes Sprechen über Antisemitismus ein sowie das konsequente und bedingungslose Einbeziehen von Juden_Jüdinnen in intersektionale Diskurse und Politiken. Gleichzeitig ist das Buch ein engagiertes Plädoyer für solidarische und intersektionale Bündnisse und Allianzen.

Judith Coffey setzt sich mit Antisemitismus in linken und queer-feministischen aktivistischen Zusammenhängen auseinander. Weitere Themenschwerpunkte sind Heteronormativität, postkoloniale Theorien, Feminismus und Vampire. Judith Coffey ist promovierte Literaturwissenschaftlerin, kommt aus Wien und lebt in Berlin.

Vivien Laumann ist in der Rechtsextremismusprävention tätig und hat langjährige Erfahrung in der Bildungs- und Beratungsarbeit zur Schoa, zu Antisemitismus, Geschlechterverhältnissen sowie geschlechtlicher und sexueller Vielfalt. Sie ist Autorin und Mitherausgeberin von zahlreichen Veröffentlichungen in diesen Themenfeldern. Vivien Laumann lebt und arbeitet in Berlin.

JUDITH COFFEY
VIVIEN LAUMANN

GOJNORMATIVITÄT

Warum wir anders über Antisemitismus sprechen müssen

VERBRECHER VERLAG

Diese Publikation wurde gefördert
durch die Rosa-Luxemburg-Stiftung.

ROSA
LUXEMBURG
STIFTUNG

Erste Auflage
Verbrecher Verlag Berlin 2021
www.verbrecherei.de

Satz: Christian Walter
Druck und Bindung: CPI Clausen & Bosse, Leck

ISBN 978-3-95732-500-6

Printed in Germany

*Der Verlag dankt Alyssa Fenner, Lisa M. Müller,
Luisa Stühlmeyer und Johanna Seyfried.*

INHALTSVERZEICHNIS

1. Einleitung

Antisemitismus ist und bleibt eine aktuelle und allgegenwärtige Bedrohung. Die Brutalität dieser mörderischen Ideologie zeigte sich im Attentat von Halle an Jom Kippur 5780 bzw. am 9. Oktober 2019.[1] Die Demonstrationen gegen die Einschränkungen zur Bekämpfung der Corona-Pandemie waren durchzogen von antisemitischen Bildern und Rhetoriken. Antisemitische Schmierereien, Sprüche und Affekte gehören auf deutschen Straßen, in Schulen, Büros, Familien, Vereinen und Freund_innenkreisen zum Alltag. Antisemitismus hat zur Zerstörung jüdischen Lebens in Europa geführt und einen Scherbenhaufen in Städten, Gemeinden, Familien, Selbstbildern und in der jüdischen Wissens- und Kulturproduktion nach 1945 hinterlassen. Dazu gehört, bereits als Kind zu wissen, dass man zu den Verfolgten und Ermordeten gehört hätte, wäre man 50 Jahre früher geboren. Antisemitisches Verhalten äußert sich aber auch in kleinerem, wenngleich nicht weniger zermürbendem Maße: in Auslassungen, Nivellierungen, Infragestellungen, Nichtmitdenken und Übergehen von jüdischen Positionen und Perspektiven.

Ronen Steinke listet in seiner Chronologie antisemitischer Gewalt auf überwältigenden 90 Seiten antisemitische Übergriffe, Gewalttaten und Morde seit 1945 in Deutschland auf.[2] Die Recherche- und Melde-

1 Am 9. Oktober 2019 hatte ein Neonazi versucht, einen Massenmord an Juden_Jüdinnen an Jom Kippur, dem höchsten jüdischen Feiertag, zu begehen. Er versuchte in die Synagoge von Halle (Saale) einzudringen, um die dort versammelten Juden_Jüdinnen zu töten. Nachdem ihm dies auch mit Waffengewalt nicht gelungen war, erschoss er vor dem Gebäude die Passantin Jana L. Kurz darauf erschoss er Kevin S. in einem nahe gelegenen Döner-Imbiss. Auf seiner Flucht verletzte der Täter weitere Personen schwer. Der Täter war Anhänger der antisemitischen, rassistischen und antifeministischen Ideologie des »großen Austauschs«.

2 Steinke, Ronen, *Terror gegen Juden. Wie antisemitische Gewalt erstarkt und der Staat versagt. Eine Anklage*, Berlin 2020, S. 149 ff. Steinkes Chronologie ist eine Besonderheit, da sie eine Sammlung antisemitischer Vorfälle in Deutschland seit 1945 umfasst, die der Autor aus verschiedenen Quellen zusammengetragen hat. Da es im Bereich Antisemitismus sonst wenig belastbares Material zu Übergriffen gibt, ist diese Chronologie eine wichtige Ressource, um die Kontinuität von aktuellem Antisemitismus sichtbar zu machen.

stelle Antisemitismus Berlin (RIAS) dokumentiert allein für Berlin bezogen auf das Jahr 2020 insgesamt 1.004 antisemitische Vorfälle.[3]

Antisemitismus ist Normalzustand in Deutschland. Die ideologischen wie materiellen Kontinuitäten sind allerdings dermaßen normalisiert, dass sie manchmal schwer greif- und artikulierbar scheinen.

Diskurse über Antisemitismus

In Deutschland können wir eine geradezu paradoxe Situation beobachten, denn viele der oben genannten Punkte sind Thema, beizeiten sogar in Form einer Hyperthematisierung. Dies gilt vor allem dann, wenn es um die Erinnerung an die Schoa und den Nationalsozialismus geht: Um ein positives deutsches Selbstbild aufrechtzuerhalten, wird Antisemitismus skandalisiert. Doch gleichzeitig wird der gegenwärtig existente Antisemitismus geleugnet, als Import aus arabischen Ländern oder als Ausnahmeerscheinung von Einzeltäter_innen dargestellt. Die Perspektiven von Juden_Jüdinnen[4] werden kaum gehört oder ernstgenommen.

In linken Zusammenhängen unterscheidet sich die Thematisierung von Antisemitismus je nach zeitlichem Kontext, Stoßrichtung und Subszene deutlich. Von einer starken Thematisierung in den 1990er und

3 Verein für Demokratische Kultur in Berlin e. V. (VDK) & Recherche- und Informationsstelle Antisemitismus Berlin (RIAS), »Antisemitische Vorfälle in Berlin 2020«, in: *Report Antisemitism*. Online abrufbar unter: report-antisemitism.de/documents/Antisemitische-Vorfaelle-2020_Jahresbericht_RIAS-Berlin.pdf [letzter Zugriff: 09.05.2021]. Für Österreich erfasst die Antisemitismus-Meldestelle der IKG Wien seit 2019 antisemitische Vorfälle und nutzt für die Erfassung die gleichen Kategorien wie RIAS. Für 2020 hat die Meldestelle 585 antisemitische Vorfälle erfasst: Israelitische Kultusgemeinde Wien, »Antisemitische Vorfälle 2020«, in: *antisemitismus meldestelle*. Online abrufbar unter: fca755ac-004d-4a98-bf62-6ebd5ba1ecc3.filesusr.com/ugd/0a9e18_3ccb0440a33f4d8cb35903825decbf7d.pdf [letzter Zugriff: 10.05.2021].

4 Mit dieser Form des Genderns folgen wir den Ausführungen der Gruppe Latkes*Berlin, siehe: Latkes*Berlin, »Juden Gendern«, in: *latkesberlin.wordpress.com*, 24.10.2020. Online abrufbar unter: latkesberlin.wordpress.com/2020/10/24/juden-gendern [letzter Zugriff: 24.01.2021].

2000er Jahren durch sogenannte anti-deutsche Linke, die vor allem den Antisemitismus innerhalb linker Szenen in den Fokus nahmen, über das Ignorieren und Nicht-Thematisieren von Antisemitismus als aktuell relevantes Herrschaftsverhältnis, bis hin zu explizit antisemitischen linken Diskursen war und ist alles dabei.

In linken queer-feministischen Kontexten, in denen wir uns verorten, sind differenzierte Auseinandersetzungen mit Antisemitismus sowie mit jüdischen Positionen aktuell wenig präsent. Hinzu kommen spezifisch antisemitische Diskursstränge, die durch Verknüpfungen von Israel und Kolonialismus zustande kommen und den Raum für die Thematisierung von Antisemitismuserfahrungen verengen. Beim ideologischen Disput der politischen Fraktionen in der Haltung zu Israel/Palästina wird über die Definition von Antisemitismus gestritten, als ginge es vor allem darum, Unschuldige vor ungerechtfertigten Antisemitismusvorwürfen zu bewahren. Gleichzeitig ist die Offensichtlichkeit, mit der linker Antisemitismus in den letzten Jahren wieder verstärkt in Erscheinung tritt, erschreckend.

Hinzu kommt die Weigerung, sich ernsthaft mit dem Gegenstand auseinanderzusetzen. Unser Eindruck ist, dass sich viele Linke sowie intersektionale Queer-Feminist_innen mit Antisemitismus als Ideologie und deren Auswirkungen für Juden_Jüdinnen nicht beschäftigen und einer folgenschweren Verwechslung auf den Leim gehen: Aus dem Gefühl heraus, sich mit dem Nationalsozialismus hinreichend beschäftigt zu haben, wird auch das Thema Antisemitismus als »bearbeitet« abgehakt. Auf diese Weise wird Antisemitismus auf die Zeit des Nationalsozialismus begrenzt und damit in der Vergangenheit verortet. Als eigenes Herrschaftsverhältnis mit weitreichenden politischen wie persönlichen Konsequenzen kann er so nicht verstanden werden, ebenso wenig können ideologische Kontinuitäten erfasst und kritisiert werden. Damit werden in der Konsequenz auch Juden_Jüdinnen als Betroffene von heute aktuellem Antisemitismus nicht gesehen bzw. marginalisiert.

Zusammengefasst: Wir sind unzufrieden damit, wie über Antisemitismus (nicht) gesprochen wird – auch in linken Zusammenhängen. Häufig wird Antisemitismus entweder ausgelassen oder abstrakt diskutiert und nicht als etwas begriffen, wovon reale Personen betroffen sind. Schon gar nicht der_die eigene Genoss_in. Das hinterlässt uns oft wütend, traurig, verletzt und einsam.

Herrschaftsverhältnis Antisemitismus und die Schwierigkeit der Definition

Antisemitismus verstehen wir einerseits als die konkrete Feindschaft gegen Juden_Jüdinnen, die verschiedene Formen und Artikulationen annehmen kann – u.a. Schuldabwehr-Antisemitismus, israelbezogener Antisemitismus, biologistischer Antisemitismus. Häufig geschieht dies abstrakt, chiffriert oder über Umwege. Oft aber auch erschreckend offen und unverhohlen. Außerdem tritt Antisemitismus in Erscheinung als eine Feindschaft gegen all das, was als jüdisch gelesen, konstruiert oder gelabelt wird.

Antisemitismus ist darüber hinaus eine Reaktion auf die Moderne, auch wenn die Ursprünge des Antisemitismus im christlichen Antijudaismus zu verorten sind und Antisemitismus damit eine lange vormoderne Geschichte hat. Antisemitismus funktioniert für viele Menschen als umfassendes Welterklärungsmodell und hängt eng mit der kapitalistisch verfassten modernen Gesellschaft zusammen. In antisemitischen Deutungsmustern werden vereinfachte Erklärungen für komplexe Verhältnisse entworfen, etwa indem Kapitalismus personifiziert und auf einige wenige dämonisierte Personen projiziert wird.

Antisemitismus ist also nicht bloß ein Vorurteil oder eine Unterform von Rassismus, sondern ein eigenes Herrschaftsverhältnis, das Gesellschaften strukturiert und einer eigenen spezifischen Analyse bedarf. Als Herrschaftsverhältnis wirken antisemitische Strukturen auf abstrakter und konkreter Ebene zugleich. Diskriminierungs- und Gewalterfahrungen bis hin zu Morden widerfahren konkreten Menschen und die antisemitischen Handlungen und Taten werden von konkreten Menschen verübt. Die Elemente und Strukturen antisemitischer Ideologien funktionieren als abstraktes Strukturprinzip auch ohne Juden_Jüdinnen. Ein klassisches Beispiel dafür sind Verschwörungsideologien und ihre Versatzstücke, die sich oftmals chiffrierter Bilder oder Umwegkommunikationen bedienen.

Das Sprechen über Antisemitismus erschöpft sich oft in einem Streit über die korrekte Definition: Gehört israelbezogener Antisemitismus dazu oder nicht, ist die Arbeitsdefinition der International Holocaust Remembrance Alliance (IHRA)[5] zulässig, ist Antisemitismus ein Teil von Rassismus, wie verhält es sich mit Antizionismus? Die Debatten um Definitionen sind komplex und wichtig, häufig funktionieren sie jedoch als eine Form von »Derailing«, also der gezielten Ablenkung vom eigentlichen Thema. Beispielsweise wenn wegen der »falschen« Definition nicht mehr weitergelesen oder die Umkämpftheit des Feldes als Ausrede genutzt wird, um sich nicht weiter mit Antisemitismus beschäftigen zu müssen. In der Konsequenz werden die Betroffenen, Juden_Jüdinnen, dann allein gelassen, wie Anne Goldenbogen und Sarah Kleinmann in einer von der Rosa-Luxemburg-Stiftung in Auftrag gegebenen Studie betonen:

> Nicht selten werden Konflikte über unterschiedliche Standpunkte sowohl in wissenschaftlichen als auch aktivistischen Räumen hart und verletzend ausgetragen; und oftmals werden Betroffene antisemitischer Gewalt dabei übersehen und ihre Erfahrungen mit alltäglichem sowie strukturellem Antisemitismus überhört.[6]

5 Die International Holocaust Remembrance Alliance (IHRA) hat 2016 eine nicht rechtsverbindliche Arbeitsdefinition von Antisemitismus entwickelt, um Orientierung zu bieten und eine bessere Einordnung von Fällen zu ermöglichen. Weltweit haben viele Institutionen, Gremien, Sportverbände etc. die Definition bereits angenommen und zur Grundlage ihrer Arbeit erklärt. Um die Definition sind seitdem kontroverse Debatten entbrannt. Für die Definition siehe: International Holocaust Remembrance Alliance, »Arbeitsdefinition von Antisemitismus«. Online abrufbar unter: www.holocaustremembrance.com/de/resources/working-definitions-charters/arbeitsdefinition-von-antisemitismus [letzter Zugriff: 26.08.2021]. Siehe auch: Bundesverband RIAS, *Handbuch zur praktischen Anwendung der IHRA-Arbeitsdefinition von Antisemitismus*, Luxemburg 2021. Online abrufbar unter: report-antisemitism.de/documents/IHRA-Definition_Handbuch.pdf [letzter Zugriff: 26.08.2021].

6 Goldenbogen, Anne / Kleinmann, Sarah, *Aktueller Antisemitismus in Deutschland. Verflechtungen, Diskurse, Befunde. Studie im Auftrag der Rosa-Luxemburg-Stiftung*, Berlin 2021, S. 10. Online abrufbar unter: www.rosalux.de/fileadmin/rls_uploads/pdfs/Studien/Studien_1-21_Aktueller_Antisemitismus.pdf [letzter Zugriff: 26.08.2021].

Da der Fokus dieses Buches nicht auf der Definition des Begriffes Antisemitismus in seiner Komplexität und Breite liegt, empfehlen wir die zahlreichen bereits erschienenen guten und detaillierten Analysen zu diesem Thema.[7]

Ziel des Buchs

Dieses Buch will Antisemitismus wieder mehr in den Fokus von linken und queer-feministischen Debatten rücken – aber anders! Wir wollen die Homogenität scheinbar nicht-jüdischer Räume und Normen in Frage stellen und Nicht-Juden_Jüdinnen dadurch zum Nachdenken über antisemitische Strukturen sowie die eigene Positionierung anregen. Es geht uns darum, die Sichtbarkeit jüdischer Positionen in linken und queer-feministischen Zusammenhängen zu erhöhen, und so nicht nur die Selbstverständlichkeit unserer Existenz und unseres Hier-Seins zu behaupten, sondern auch neue Räume für Auseinandersetzungen und Austausch zu schaffen. Jüdische Positionen sollen gestärkt und Erfahrungen artikulierbar werden. Das Buch versteht sich in diesem Sinn als ein Beitrag zum Empowerment von Juden_Jüdinnen. Nicht zuletzt möchte das Buch aus linker feministischer jüdischer Perspektive einige Gedanken rund um Jüdischsein, Antisemitismus und Gedenkpolitik formulieren. Dabei versteht sich von selbst, dass wir weder für alle Personen sprechen können, die jüdische Bezüge haben, noch dass es die eine feministische jüdische Perspektive gibt.

Wir verfolgen das Anliegen, Debatten und Diskursen, die uns seit Jahren beschäftigen, einen Raum zu geben und komplexen Fragen und Diskussionen sowie darin enthaltenen Verkürzungen nachzugehen. Fragen, die uns in diesem Buch leiten, sind:

7 Für einen Überblick ist die bereits erwähnte Studie von Goldenbogen und Kleinmann zu empfehlen. Das Literaturverzeichnis der Studie bietet viele gute Quellen für eine vertiefte Auseinandersetzung mit dem Thema Antisemitismus.

Wieso werden Antisemitismus und Jüdischsein in intersektionalen Debatten so oft nicht berücksichtigt?

Wie kann das Verhältnis von Weißsein und Jüdischsein gedacht werden?

Welche Probleme und Leerstellen bringt die deutsche Erinnerungspolitik an die Schoa mit sich? Und inwiefern trifft diese Kritik auch auf linke Gedenkpolitik zu?

Wer spricht über Antisemitismus? Wer wird gehört bzw. nicht gehört?

Wie kann es sein, dass Antisemitismus in weiten Teilen der Linken nicht als aktuelles und ernstzunehmendes Problem gilt?

Auf diese Fragen werden wir keine abschließenden Antworten finden, aber hoffentlich neue Anregungen und Erkenntnisse liefern.

Jüdische Stimmen im Diskurs um Antisemitismus

In den letzten Jahren sind jüdische Stimmen hörbarer geworden.[8] Es finden innerjüdisch mehr Diskussionen und Aushandlungen statt, auch von Differenzen. Zu nennen wären hier beispielhaft die Zeitschrift Jalta – Positionen zur jüdischen Gegenwart, der »Desintegrations-Kongress« und die »Radikalen Jüdischen Kulturtage« im Maxim Gorki Theater[9], die Texte von Sasha Marianna Salzmann und Max Czollek[10],

8 Peaceman, Hannah, »Jüdische Vielfalt in Deutschland. Alternative und emanzipatorische Räume«, in: Bundeszentrale für politische Bildung (Hg.), *Jüdisches Leben in Deutschland. Vergangenheit und Gegenwart*, Bonn 2021. Online abrufbar unter: www.bpb.de/geschichte/zeitgeschichte/juedischesleben/328962/alternative-und-emanzipatorische-raeume [letzter Zugriff: 12.05.2021].

9 *Desintegration. Ein Kongress zeitgenössischer jüdischer Positionen*, kuratiert von Max Czollek und Sasha Marianna Salzmann, Gorki Theater Berlin, 06.–08.05.2016. Online Abrufbar unter: gorki.de/en/node/1502 [letzter Zugriff: 25.01.2021]. *Radikale Jüdische Kulturtage*, Studio Я des Gorki Theater Berlin, 02.–12.11.2017. Online abrufbar unter: www.gorki.de/de/radikale-juedische-kulturtage [letzter Zugriff: 25.01.2021].

10 Czollek, Max / Salzmann, Sasha Marianna (Hg.), *Desintegration. Ein Kongress zeitgenössischer jüdischer Positionen*, Berlin 2017. Salzmann, Sasha Marianna, »Sichtbar«, in: Aydemir, Fatma / Yaghoobifarah, Hengameh (Hg,), *Eure Heimat ist unser Albtraum*, Berlin 2019, S. 13–26. Czollek, Max, *Desintegriert Euch!*, München 2018. Czollek, Max, *Gegenwartsbewältigung*, München 2020.

die Veröffentlichungen und Veranstaltungen des Ernst Ludwig Ehrlich-Studienwerks[11], die Statements der Jüdischen Studierendenunion Deutschland[12], die Missy-Magazine-Kolumne von Debora Antmann u. v. m. Zugleich ist auch das öffentliche Sprechen *als* Juden_Jüdinnen in dieser Diversität der Perspektiven hörbarer geworden. Das steht unter anderem in Zusammenhang mit dem Generationenwechsel von der zweiten zur dritten Generation nach der Schoa,[13] aber auch mit der Internationalisierung der jüdischen Gemeinschaften in Deutschland sowie vielfältigen jüdischen Perspektiven und Selbstverständnissen, die z. B. Juden_Jüdinnen aus den USA und Israel mitbringen oder aber neuere Initiativen wie Keshet Deutschland, die sich für die Sichtbarkeit von jüdischen Queers einsetzen.[14] Das Aushandeln der verschiedenen Perspektiven und Positioniertheiten ist nicht unbedingt konfliktlos, wie wir an einigen Stellen dieses Buches aufzeigen, aber bringt eine neue Dynamik, neue Diskussionsansätze mit sich.

Wir haben die Debatten und Interventionen der letzten Jahre gespannt und aufgeregt verfolgt, haben Gedanken aufgegriffen, diskutiert, weitergedacht. Plötzlich fielen uns in anderen politischen Zusammenhängen, bei Analysen anderer Unterdrückungs- und Herrschaftsverhältnisse Parallelen zu unseren Erfahrungen, Analysen und jüdischen Bezügen auf. Unsystematisch und noch ohne jeden Gedanken an dieses Buch, und folglich ohne Notizen zu machen oder die Texte, Podcasts, Videos, Instagram-Feeds, Blog-Posts, Diskussionsveranstaltungen, Theaterstücke, Performances, Party-Ankündigungen etc. für später zu notieren, setzten wir uns mit diesen Themen auseinander. Umso schwerer war es, für dieses Buch wieder auseinanderzuklauben, woher welche Ideen, Überlegungen, Inspirationen kamen. Gleichzeitig ist es uns sehr wichtig,

11 Z. B. die Veranstaltungen im Rahmen des Programms »Nie wieder!? Gemeinsam gegen Antisemitismus und für eine plurale Gesellschaft«. Online abrufbar unter: gemeinsam-gegen-antisemitismus.de [letzter Zugriff: 15.03.2021].

12 Jüdische Studierenden Union Deutschland (JSUD). Online abrufbar unter: www.jsud.de [letzter Zugriff: 15.03.2021].

13 Peaceman, »Jüdische Vielfalt in Deutschland«.

14 Keshet Deutschland. Online abrufbar unter: keshetdeutschland.de [letzter Zugriff: 15.03.2021].

uns selbst in diesem dynamischen Diskurszusammenhang zu verorten und klar zu sagen, dass unsere Analysen nur durch die vielfältigen Gedanken entstehen konnten, die andere mit uns geteilt haben und die wir hier immer wieder aufgreifen.

Es ist uns zudem wichtig, sichtbar zu machen, dass nicht alles in den letzten Jahren neu erfunden und gedacht wurde. In den 1980er und 1990er Jahren gab es in der Frauen- und Lesbenbewegung sowohl hörbare jüdische Stimmen als auch Versuche, (den eigenen) Antisemitismus zu reflektieren, Antisemitismus und Rassismus zusammenzudenken und Bündnisse zwischen Schwarzen Frauen, Women of Color, migrantisierten Frauen, Romnja, Sintizze und Jüdinnen zu schaffen. Dazu gehört der lesbisch-feministische Schabbeskreis, eine Berliner Gruppe, die von 1984 bis 1989 existierte.[15] Auch wenn sich manche der Erscheinungsformen von Antisemitismus seither verändert haben – so ist vor allem die damals verbreitete Konstruktion des Judentums als Inbegriff des Patriarchats[16] nicht mehr so dominant wie in den 1980ern –, lassen sich die Texte und Perspektiven des Schabbeskreises und seiner Mitglieder oft direkt auf unsere Gegenwart übertragen. Wichtige Ressourcen aus der Frauenbewegung sind zudem verschiedene Sammelbände, die im Rückblick als Meilensteine einer intersektionalen Analyse gelten können,[17] sowie die Dokumentationen der Bündnis-Tagungen, die bereits

15 Antmann, Debora, »Der lesbisch feministische Schabbeskreis. Die Geschichte eines fast vergessenen jüdisch-feministischen Widerstands«, in: *Jalta*, H. 01 (2017), S. 28–36, hier S. 29 / S. 34.

16 Zum antisemitischen Topos des Judentums als Inbegriff des Patriarchats vgl. z. B. Kohn-Ley, Charlotte / Korotin, Ilse (Hg.), *Der feministische Sündenfall? Antisemitische Vorurteile in der Frauenbewegung*, Wien 1994.

17 Hügel, Ika / Lange, Chris / Ayim, May / Bubeck, Ilona / Aktaş, Gülşen / Schultz, Dagmar (Hg.), *Entfernte Verbindungen. Rassismus, Antisemitismus, Klassenunterdrückung*, Berlin 1993. Oguntoye, Katharina / Opitz, May / Schultz, Dagmar (Hg.), *Farbe bekennen. Afro-deutsche Frauen auf den Spuren ihrer Geschichte*, aktualisierte Ausgabe, Frankfurt a. M. 1992 (1986). Jacoby, Jessica / Schoppmann, Claudia / Zena-Henry, Wendy (Hg.), *Nach der Shoa geboren. Jüdische Frauen in Deutschland*, Berlin 1994. Eggers, Maureen Maisha / Kilomba, Grada / Piesche, Peggy / Arndt, Susan (Hg.), *Mythen, Masken und Subjekte. Kritische Weißseinsforschung in Deutschland*, 2., überarbeitete Auflage, Münster 2009 (2005).

Anfang der 1990er Jahre versuchten, Allianzen zwischen Marginalisierten zu schmieden.[18] Heute gibt es ebenfalls Bestrebungen nach Solidarität, wie etwa das Festival of Resilience, das im Herbst 2020 Überlebende sowie Angehörige von Opfern und Überlebenden verschiedener rechtsterroristischer Attacken (Halle, Hanau, Mölln) zusammenbrachte[19] oder die Möllner Rede im Exil 2021[20]. Ansätze von Bündnispolitiken im Allgemeinen sind sicherlich ausbaufähig – doch stimmt uns das ein wenig zuversichtlich und hoffnungsvoll.

Vom Antisemitismus zur Gojnormativität

Wie oben erwähnt, zeigt sich Antisemitismus nicht nur als offen judenfeindlicher Spruch oder als antisemitisch motivierter Mord. Es sind auch die kleinen alltäglichen Erfahrungen, die wir machen oder gemacht haben, die uns zu diesem Buch motiviert haben:

Wenn Menschen das Wort Jude nicht über die Lippen bringen oder wenn sie ganz fasziniert davon sind, eine »echte« Jüdin zu treffen, und gar nicht mehr aus dem Ausfragen herauskommen.

Wenn in linken und/oder queer-feministischen Kontexten Antisemitismus nicht benannt wird oder nur als etwas, das es früher gab, und gleichzeitig in der medialen Öffentlichkeit nach jedem antisemitischen Vorfall die immer gleichen Nie-Wieder-Phrasen gedroschen werden.

18 Ayim, May / Prasad, Nivedita (Hg.), *Wege zu Bündnissen. Dokumentation. Tagung von/für ethnische und afro-deutsche Minderheiten. Bremen 8.–10. Juni 1990. Zweiter bundesweiter Kongreß von und für Immigrantinnen, Schwarze deutsche, jüdische und im Exil lebende Frauen. Berlin 3.–6. Oktober 1991*, Berlin 1992. Siehe dazu auch: Dean, Jihan Jasmin, »Verzwickte Verbindungen. Eine postkoloniale Perspektive auf Bündnispolitik nach 1989 und heute«, in: Mendel, Meron / Messerschmidt, Astrid (Hg.), *Fragiler Konsens. Antisemitismuskritische Bildung in der Migrationsgesellschaft*, Frankfurt a. M. 2017, S. 101–129.

19 *Festival of Resilience*, Berlin 27.09.–09.10.2020. Online abrufbar unter: mailchi.mp/basehillel/resilience [letzter Zugriff: 25.01.2021].

20 »Möllner Rede im Exil«, in: *YouTube*, 18.04.2021. Online abrufbar unter: www.youtube.com/watch?v=39oG_oOPFpk [letzter Zugriff: 13.05.2021].

Wenn Juden_Jüdinnen als privilegiert dargestellt werden, es für Privilegien von Nicht-Juden_Jüdinnen im postnationalsozialistischen Deutschland[21] aber gar keine Worte und Konzepte gibt.

Wenn auf queer-feministischen Demonstrationen oder anderen wichtigen Events antisemitische Bewegungen und Positionen gefeiert werden und weder Verständnis noch Empathie dafür aufgebracht wird, dass dies für viele Juden_Jüdinnen schmerzhaft und beängstigend ist und sie in der Konsequenz diesen als intersektional deklarierten Räumen fernbleiben.[22]

All das sind Momente, in denen das Nicht-Jüdische zur Norm erklärt wird, und dadurch das Jüdische und jüdische Menschen entweder unsichtbar gemacht, (bewusst oder unbewusst) ausgeschlossen oder in eine ganz bestimmte, vorgegebene Rolle gedrängt werden. Diese Mechanismen nennen wir *Gojnormativität*. Goj ist die jüdische Bezeichnung für Nicht-Jude_Jüdin. Warum wir dieses Wort wählen, erklären wir im folgenden Kapitel. Dort und im darauffolgenden 3. Kapitel führen wir unseren zentralen Analyse-Begriff der Gojnormativität ein. Wir erläutern, was damit gemeint ist, wie wir darauf gekommen sind und was wir damit politisch bezwecken.

In den Kapiteln 4 und 5 geht es um die Frage, ob Juden_Jüdinnen *weiß* sind, und darum, welche gesellschaftliche Position sich daraus ergibt. Um der Frage nachzugehen, beschäftigen wir uns mit Intersektionalitätsdebatten, mit dem Verhältnis von Rassismus und Antisemitismus und mit dem Verhältnis von Unsichtbarkeit und Privilegierung.

In Kapitel 6 widmen wir uns der Erinnerungspolitik in Deutschland.

21 Messerschmidt, Astrid, »Selbstbilder in der postnationalsozialistischen Gegenwart«, in: *Jalta* (2018), H. 4, S. 38–46.

22 Latkes*Berlin, »Wegen Antisemitismus gibt es in Berlin keinen alternativen CSD mehr – und niemand spricht darüber«, in: *latkesberlin.wordpress.com*, 17.06.2018. Online abrufbar unter: latkesberlin.wordpress.com/2018/06/17/wegen-antisemitismus-gibt-es-in-berlin-keinen-alternativen-csd-mehr-und-niemand-spricht-darueber/#more-80 [letzter Zugriff: 21.10.2020]. Latkes*Berlin, »Warum ich nicht automatisch eine antideutsche weiße Kartoffel bin, nur weil ich die BDS-Kampagne kritisiere. Fragmentarisches Protokoll eines ernüchternden Wochenendes«, in: *latkesberlin.wordpress.com*, 22.08.2019. Online abrufbar unter: latkesberlin.wordpress.com/2019/08/22/warum-ich-nicht-automatisch-eine-antideutsche-weisse-kartoffel-bin-nur-weil-ich-die-bds-kampagne-kritisiere [letzter Zugriff: 16.04.2021].

Wir fragen, in welche Rollen Juden_Jüdinnen gedrängt werden, und welche Funktionen das für die Konstruktion deutscher postnationalsozialistischer Identität hat. Dabei formulieren wir auch eine solidarische Kritik in Richtung der linken antifaschistischen Gedenkpolitik, denn diese ist ebenfalls nicht frei von Gojnormativität.

Kapitel 7 und 8 beschäftigen sich mit Antisemitismuskritik. Nicht mit Antisemitismus an sich, sondern mit der Art und Weise, wie mit Antisemitismus in Deutschland umgegangen wird. Hier gibt es ein großes Spektrum an problematischen Aspekten, die vom Ignorieren und Negieren von Antisemitismus über diverse andere Abwehrstrategien bis hin zum Besetzen des Themas durch nicht-jüdische Expert_innen reichen.

Das abschließende Kapitel 9 widmet sich der Frage, was aus unseren in diesem Buch entfalteten Analysen folgen könnte und sollte. Hier plädieren wir für eine kritische Reflexion gojnormativer Strukturen und Privilegien im Zusammenspiel mit der Analyse und Kritik des Herrschaftsverhältnisses Antisemitismus.

Unsere Analysen beziehen sich in erster Linie auf den deutschen Kontext. An einigen Stellen beziehen wir Debatten und Gegebenheiten aus Österreich ein, da Österreich als ebenfalls postnationalsozialistisches Land häufig außen vor gelassen wird. Vieles, was wir analysieren und beschreiben, gilt jedoch recht spezifisch für den deutschen Kontext, so dass sich die tiefergehende Analyse vor allem auf Deutschland bezieht.

Dieses Buch ist das Ergebnis von jahrelangen Diskussionen untereinander und mit Menschen in unserem Umfeld. Es ist der Versuch, unsere Gedanken, Diskussionsstränge und Analysen zu verschriftlichen und damit anderen zugänglich zu machen. Selbstverständlich beziehen wir uns auch auf theoretische Debatten, aber wir haben weder den Anspruch, Forschungsstände aufzubereiten, noch können wir Diskurse oder den Gegenstand vollumfänglich nachzeichnen. Auch beziehen sich viele unserer Gedanken auf Diskussionen und Debatten in aktivistischen Zusammenhängen, zu denen es nicht immer ausgearbeitete Texte gibt. Es bleibt also notwendigerweise an manchen Stellen thesenhaft und kann an der einen oder anderen Stelle sicherlich noch weitergedacht werden.

Wer spricht?

Wie bereits beschrieben, sind jüdische Stimmen im Diskurs um Antisemitismus lauter geworden. Wir freuen uns über diese wichtige Entwicklung, denn es ist politisch unerlässlich, dass die Perspektiven und das (Erfahrungs-)Wissen der direkt Betroffenen gehört und berücksichtigt werden. Wie Sina Arnold schreibt: »Der Fokus auf die Sichtweise von Betroffenen, die Akteurszentriertheit wurde in der Arbeit zu Antisemitismus oft vernachlässigt.«[23] Gleichzeitig wehren wir uns gegen Essentialisierungen von Erfahrungen und Tendenzen in politischen Debatten, die Betroffenheit absolut setzen. Sie bergen die Gefahr, dass nur die »passenden« Stimmen und Standpunkte herangezogen werden, um die eigene Position zu untermauern, und die Betroffenheit somit zu instrumentalisieren. Wir gehen weder davon aus, dass nur Juden_Jüdinnen oder Personen mit jüdischen Bezügen etwas zu Antisemitismus zu sagen haben, noch dass die Analysen von Betroffenen automatisch richtig sind. Dennoch macht es einen Unterschied, aus welcher Position eine Person zum Thema Antisemitismus spricht.

In dieses Buch sind viele persönliche Erfahrungen geflossen: Persönliche Anekdoten, Erlebnisse und (familien-)biographische Erfahrungen. Diese erzählen wir in der ersten Person Singular, um den persönlichen bzw. biographischen Charakter zu markieren. Dabei lassen wir jedoch bewusst offen, welche von uns an der jeweiligen Stelle als »ich« spricht, auch wenn unsere Familienbiographien und Bezüge unterschiedlich sind. Das erfüllt eine Schutzfunktion, indem wir diese kleine Distanz zwischen jeder von uns als individueller Person und uns beiden als Autorinnen dieses Buches einbauen. Zudem stellt es eine (wenn auch minimale) Verweigerung dar, uns mit all unseren individuellen Erfahrungen und

23 Arnold, Sina, »›Which side are you on?‹ Zum schwierigen Verhältnis von Antisemitismus und Rassismus in der Migrationsgesellschaft«, in: Foroutan, Naika / Geulen, Christian / Illmer, Susanne / Vogel, Klaus / Wernsing, Susanne (Hg.), *Das Phantom »Rasse«. Zur Geschichte und Wirkungsweise von Rassismus.* Köln 2018, S. 189–202, hier S. 199.

Schmerzen konsumierbar zu machen, denn nicht selten mussten wir unsere halbe Familiengeschichte erzählen, um eine legitimierte Sprechposition zum Thema Antisemitismus zu erlangen. Ganz können und wollen wir das Persönliche nicht vermeiden, denn wir brauchen es, um manche Dinge begreifbar und fühlbar zu machen. Dennoch verspüren wir auch ein Unbehagen dabei, unsere Thesen und Gedanken auf diese Weise als echt zu präsentieren und zu legitimieren. Wie vieles andere, um das es in diesem Buch geht, ist auch das »Ich«-Sagen ambivalent, brüchig, widersprüchlich und komplex. Wenn unser geteiltes und doch einzelnes »ich« an einigen Stellen beim Lesen irritiert, dann passt das sehr gut. Jüdischsein an sich ist und kann in Deutschland für viele keine kohärente Kategorie sein (dazu mehr im Kapitel »Jude und Goj«), und auch in unseren Bezügen und Biographien gibt es diese Inkohärenzen und Widersprüchlichkeiten. Sie gehören zu jüdischen Perspektiven dazu und sollten – so finden wir – in linken Debatten mehr Raum und Gehör bekommen.

Und wer hört (hoffentlich) zu?

Dieses Buch interveniert in linke Diskurse rund um Antisemitismus und möchte in diesen Zusammenhängen zu Auseinandersetzungen anregen und neue Perspektiven ermöglichen. Bestimmte Überlegungen sind also recht spezifisch auf diese Diskurse bezogen und das Zielpublikum ist ein linkes – im weiteren Sinne. Das Buch interveniert auch in intersektionale Debatten und Debatten um Intersektionalität, die wir zum Teil als verkürzt wahrnehmen. Es richtet sich also auch an all diejenigen, die sich unter dem Stichwort »intersektionale Feminist_innen« versammeln würden und Interesse an weiteren (Selbst-)Reflexionen haben. Selbstverständlich richtet sich das Buch darüber hinaus auch an alle anderen, denen das Thema Antisemitismus am Herzen liegt und die sich irritieren lassen und ihre Perspektiven erweitern möchten. Der Fokus auf linke Diskurse und Zusammenhänge impliziert nicht, dass Antisemitismus hier schlimmer ist als in anderen gesellschaftlichen Bereichen. Es geht uns eher darum, die Zusammenhänge zu beleuchten, in denen wir uns bewegen und wo wir uns Veränderung wünschen.

Nicht zuletzt hoffen wir, dass unsere Analysen hilfreich für andere Menschen mit jüdischen Bezügen sind. Uns hat der analytische Prozess, an dessen vorläufigem Ende dieses Buch steht, dabei geholfen, uns dem antisemitischen Normalzustand etwas weniger ausgeliefert zu fühlen – oder, andersherum gedacht, uns etwas Handlungsfähigkeit zu erkämpfen. Wir hoffen, dass es uns gelingt, diesen empowernden Effekt zu teilen und dadurch im Idealfall zu multiplizieren.

Im Gegensatz zu der Auseinandersetzung mit anderen Herrschaftsverhältnissen ist es in Bezug auf Antisemitismus bisher noch recht unüblich, die privilegierte Position zu benennen, zu analysieren und zu reflektieren. In Anbetracht von Deutschland als postnationalsozialistischer Gesellschaft ein frappierender Zustand. Dies wollen wir mit diesem Buch ändern und mit dem Konzept der Gojnormativität nicht-jüdische Positionen und Privilegien benenn- und kritisierbar machen.

Ziel des Buches ist es des Weiteren, einen Beitrag dazu zu leisten, die Kämpfe gegen Rassismus und Antisemitismus (wieder) mehr zu verbinden. Dafür ist es, je nach Perspektive, notwendig, Antisemitismus intersektionaler zu denken sowie die Antisemitismuskritik als Leerstelle in Teilen antirassistischer Bewegungen und in vielen Intersektionalitätsansätzen zu kritisieren. Wir fordern vehement eine Auseinandersetzung mit Antisemitismus in linken und queer-feministischen Zusammenhängen ein sowie eine Reflexion der eigenen Positionierung innerhalb antisemitisch strukturierter Herrschaftsverhältnisse. Das können wir, wie wir finden, nur tun, wenn wir gleichzeitig bereit sind, unsere eigenen Positionen unter anderem im System Rassismus selbstkritisch zu hinterfragen. Vor allem aber versuchen wir stets eine Haltung der solidarischen Kritik zu praktizieren, die nicht polemisch ist, der es nicht ums Rechthaben, um die bessere Theorie oder das Verwerfen kompletter Ansätze geht.

Rechte verbinden Antisemitismus und Rassismus ideologisch bereits seit langer Zeit. Besonders deutlich wird das in der rassistischen, antisemitischen und sexistischen Erzählung vom »großen Austausch«, auf die sich die Täter der Anschläge von Christchurch, Pittsburgh und Halle allesamt bezogen oder in der rechtsextremen Konstruktion einer sogenannten deutschen Volksgemeinschaft. Die Verbindung der Kämpfe gegen diese Ideologien und alle, die sie explizit oder implizit stützen, ist mehr denn je bitter nötig. Sie wird erschwert dadurch, dass die Auseinandersetzung mit Rassismus bzw. Antisemitismus in überwiegend voneinander getrennten Milieus, Subkulturen und akademischen Kulturen stattfindet[24] und die Theorien des jeweils anderen Feldes wenig rezipiert werden.[25]

Wir sind überzeugt: Wenn wir diese Trennung überwinden wollen, und wir müssen sie dringend überwinden, dann kann das nur gelingen, indem wir anfangen, anders über Dinge nachzudenken. Dieses Buch ist unser Versuch, das zu tun.

Danke!

In dieses Buch sind unzählige Gespräche und Debatten mit vielen Menschen geflossen, die für unsere persönliche Auseinandersetzung mit dem Thema, aber auch für das Buch, wichtig waren. Zudem hatten wir großartige Unterstützung in Form von inhaltlichen Feedbacks, reflektierenden Gesprächen, argumentativer Schärfung, Motivation, emotionalem Support und kulinarischer Versorgung. Ein großes Dankeschön geht daher an: Rafael Balling, Miriam Burzlaff, Katharina Debus, Naemi Eifler, Anna Friedrich, Henrike Herrmann, Dajana Ivanković, Roman Aaron Klarfeld, Kristine Listau, Jörg Sundermeier und das gesamte Team des Verbrecher Verlags, Leo Yannick Wild sowie an die Gruppe Latkes*Berlin.

24 Ebd., S. 189.
25 Dean, »Verzwickte Verbindungen«, S. 105.

2. JUDE UND GOJ

Der Rahmen, in dem in Deutschland und Österreich über Juden_Jüdinnen oder Jüdischsein gesprochen wird, ist eng gesteckt. Mirjam Wenzel, Direktorin des Jüdischen Museums in Frankfurt am Main, bezeichnet die Wahrnehmung von Juden_Jüdinnen in Deutschland als vorstrukturiert durch das »mediale Dreieck« Antisemitismus, Schoa und Israel.[1] Auch andere Akteur_innen kritisieren die Einengung der Thematisierung jüdischen Lebens in Deutschland und Österreich auf die Kontexte Schoa, Antisemitismus oder Israel/Palästina. So schreiben etwa Max Czollek und Sasha Marianna Salzmann im Vorwort des Katalogs zum »Desintegrations-Kongress«: »Um heute eine öffentliche Jüd*in / ein öffentlicher Jude* zu sein, genügt es, über Antisemitismus, die Shoahgeschichte der eigenen Familie und die Politik Israels zu sprechen.«[2]

In diesem engen Rahmen erscheinen Juden_Jüdinnen als tot, als Opfer (der Schoa bzw. allgemein von Antisemitismus) oder – je nach politischem Standpunkt – als Täter_innen oder Bedrohte (Israel), selten aber mit anderen Bezügen, in anderen Rollen oder zu anderen Themen.

Aus jüdischen Perspektiven gibt es eine berechtigte und in den letzten Jahren zunehmend laut vernehmbare Kritik an der thematischen Engführung, weil diese das Bild *über* Juden_Jüdinnen und die damit verbundenen negativen und/oder paternalistischen Gefühle zu ihnen prägt. Allerdings stellten die Herausgeberinnen des Bandes »Nach der Shoa geboren« schon 1994 die gleichen Fragen: »Beschränkt sich die jüdische Identität auf die Erfahrung von Antisemitismus und der Verfolgung der Elterngeneration? Oder auf religiöses Engagement oder die Identifika-

1 Reinecke, Stefan / Riese, Dinah, »›Jüdische Museen sind keine Holocaust-Museen‹« [Interview mit Mirjam Wenzel und Cilly Kugelmann], in: *taz*, 31.03.2020. Online abrufbar unter: taz.de/!5669205 [letzter Zugriff: 26.01.2021].

2 Czollek, Max / Salzmann, Sasha Marianna, »›Spielt euer Theater doch alleine!‹ Vorwort«, in: Dies. (Hg.), *Desintegration*, S. 9–16, hier S. 11.

tion mit Israel?«[3] Von einer neuen Entwicklung kann also eigentlich nicht die Rede sein. Umso schlimmer, dass sich seitdem wenig verändert hat.

Andere – positive, heterogene und alltägliche – Aspekte jüdischen Lebens bleiben meist unbenannt, wodurch sich für Nicht-Juden_Jüdinnen ein recht eindimensionales Bild davon zeichnet, was es heißt, in Deutschland oder Österreich jüdisch zu sein oder jüdische Bezüge zu haben. Die Forderung, Jüdischsein auch unter anderen Gesichtspunkten zu verhandeln und ein vieldimensionales und vielstimmiges Bild von Jüdischsein zu zeichnen, teilen wir. Es gibt, wie bereits erwähnt, zunehmend Projekte und Stimmen aus jüdischen Communities, die genau das versuchen.

Wir befinden uns hier in einem Dilemma. Denn wenn wir mit jüdischen Perspektiven zu Themen aus dem diskursiven Feld »Schoa – Antisemitismus – Israel« sprechen, schreiben wir unsere Festlegung auf diese Themen weiter. Gleichzeitig kann es nicht sein, dass wir dazu schweigen, solange die Verhältnisse so sind, wie sie eben sind. Was soll es bringen, wenn, wie Mirna Funk kritisch (und möglicherweise polemisch zugespitzt bzw. dem nicht-jüdischen Publikum den Spiegel vorhaltend) berichtet, jüdische Autor_innen ihre Literatur als »holocaustfrei« anpreisen,[4] außer dass sich das nicht-jüdische deutsche Mehrheitspublikum freut, dass es endlich den Schlussstrich bekommt, den es seit Jahrzehnten fordert? Und das auch noch ganz und gar ohne schlechtes Gewissen, weil der Schlussstrich mit jüdischem Absolutionsstempel daherkommt.

Funk bringt die politische Notwendigkeit des öffentlichen Sprechens aus jüdischer Perspektive auch zu den Themen Antisemitismus, Schoa und Israel auf den Punkt, wenn sie schreibt:

> Solange das Publikum zu mir sagt, dass es noch nie antisemitische Übergriffe erlebt habe, und ich es vorsichtig darauf hinweisen muss, dass dieser Umstand möglicherweise seinem fehlenden Jüdischsein geschuldet ist; solange das Publikum von ›Ihrer Regierung‹ spricht, wenn es die Regierung Israels

3 Jacoby, Jessica / Schoppmann, Claudia / Zena-Henry, Wendy, »Vorwort«, in: Dies. (Hg.), *Nach der Shoa geboren*, S. 9–10, hier S. 9.

4 Funk, Mirna, »Nur Deutsche unter den Opfern«, in: Czollek/Salzmann (Hg.), *Desintegration*, S. 61 – 66, hier S. 64.

> meint, und ich es berichtigen muss, dass ich Deutsche und nicht Israelin bin; solange manisch an Israels Politik herumkritisiert werden muss, während man die politischen Entwicklungen in Deutschland aus dem Blick verliert; solange bei den Worten ›Jude‹, ›Holocaust‹ und ›Konzentrationslager‹ mit den Augen gerollt wird, als würde man einen Teenager bitten, den Müll rauszutragen, solange wird es Juden geben, die darauf aufmerksam machen, dass die Vergangenheit nicht abgeschlossen ist.[5]

Dazu kommt ein zweites Dilemma, das sich für uns vor allem in Bezug auf die Festschreibung von Juden_Jüdinnen auf die Schoa und die familiäre Verfolgungsgeschichte ergibt. Denn obgleich wir die oben skizzierte Kritik an der thematischen Engführung teilen, sind gerade die Schoa, die Erfahrung von Verfolgung, Verstecken, Flucht und Exil und die transgenerationale Weitergabe dieser Erfahrungen sowie die postnationalsozialistischen Kontinuitäten in der deutschen und österreichischen Gesellschaft für uns diejenigen Themen, um die unsere (identitären) Fragen immer wieder kreisen und die uns im Zusammenhang mit unseren jüdischen Bezügen beschäftigen. Traurig aber wahr, denn so ist der eigene Bezug zum Jüdischsein auch für Juden_Jüdinnen manchmal vor allem von Vernichtung und Verfolgung geprägt.

Dies gilt vor allem für Biographien, in denen es in den Familien keine oder sehr wenig religiöse oder kulturelle (positive) Bezüge zum Jüdischsein gibt. Die Abspaltung, Verheimlichung und Verdrängung alles Jüdischen nach der Schoa und der daraus entstehende Bruch in der Weitergabe von Erfahrungen, Traditionen und (Familien-) Geschichten kann ebenso eine Folge der Verfolgung und Vernichtung sein. Studien haben gezeigt, was wir auch aus eigener Erfahrung wissen, dass das Trauma der Verfolgung von den Überlebenden an ihre Kinder und Enkelkinder weitergegeben wurde und wird.[6] Diese »transgenerative Weitergabe« oder diese »Gefühlserbschaften« halten die Erinnerung in die Gegenwart hinein lebendig, auch wenn die Erzählungen vor allem aus Auslassungen und Nicht-Gesagtem bestehen.[7] Für Juden_Jüdinnen ist darin ein außer-

5 Ebd., S. 65 f.

6 Für einen Überblick über dieses Forschungsfeld siehe: Chernivsky, Marina, »Zwischen den Generationen«, in: *Jalta* H. 04 (2018), S. 106–111.

ordentlich hohes Identifikationspotenzial und gleichzeitig ein hoher Identifikationsdruck enthalten. Marina Chernivsky beschreibt das wie folgt:

> Durch die Identifikation und Angehörigkeit zum jüdischen Kollektiv beziehen die Nachkommen der Überlebenden die Verfolgungsgeschichte ihrer Eltern und Großeltern auf sich und durchleben ihre Verfolgung stellvertretend, ohne auch nur ansatzweise dabei gewesen zu sein.[8]

All das macht das Erinnern unentrinnbar. Selbst wenn wir uns der Thematik aktiv verweigern, geistert sie doch immer irgendwo herum. Marianne Hirsch spricht deswegen sehr treffend von der Heimsuchung durch weitergegebene Erinnerungen als »Postmemory«.[9]

Über diese Themen müssen und wollen wir also sprechen. Für uns kann die Konsequenz aus der Problematisierung dieser thematischen Einengung nicht sein, nichts mehr dazu zu sagen. Jedoch ist dabei die entscheidende Frage, wer darüber wie, in welchem Setting und mit welcher Intention spricht.

Das ist im Übrigen auch das Ziel der meisten Juden_Jüdinnen, wenn sie die Festlegung von Juden_Jüdinnen auf die Themen Antisemitismus, Schoa und Israel kritisieren. Max Czollek zum Beispiel weist zu Beginn seines Buches »Desintegriert Euch!« darauf hin, wie vorkonfiguriert der Diskurs ist:

> Sobald eine jüdische Person auf eine Frage nach einem dieser Themen antwortet, befindet sie sich schon mitten auf der Bühne des Gedächtnistheaters. [...] Die [...] Unterwerfung unter den Ruf des Gedächtnistheaters ist ein nahezu unvermeidlicher Prozess, will man jüdischerseits das Reden über Antisemitismus, Shoah und Israel nicht gänzlich einstellen. Deshalb handelt dieses Buch auch nicht vom Ausweg aus dem Gedächtnistheater, sondern vom

7 Ebd., S. 106.
8 Ebd., S. 106 f.
9 Hirsch, Marianne, *The Generation of Postmemory. Writing and Visual Culture After the Holocaust*. New York / Chichester 2012.

Spielraum, den Juden und Jüdinnen erlangen können, wenn sie sich der grundlegenden Dynamik bewusst werden.[10]

Es geht also darum, für uns selbst eine Sprechposition unabhängig von Fetischisierung, Negierung oder Vereinnahmung zu erarbeiten und zu erkämpfen. Dabei stellt sich allerdings direkt die Frage, wer dieses »wir« ist. Wer ist jüdisch, wer darf, kann und will sich als Jude_Jüdin bezeichnen? Was ist Jüdischsein überhaupt?

Was ist jüdisch?

Jüdisch ist, wer an einen jüdischen Gott glaubt?
Jüdisch ist, wer sich jüdisch fühlt?
Jüdisch ist, wer jüdische Vorfahren hat? Oder gilt nur die mütterliche Linie?
Jüdisch ist, wer selbst oder wessen Vorfahren antisemitische Verfolgung erlebt haben?

Um diese Fragen kommt niemand herum. Manche machen daraus eine Meta-Definition: Jüdisch ist, wer sich fragt, was (das eigene) Jüdischsein bedeutet. Eine andere Möglichkeit ist es, die Notwendigkeit der Kategorisierung selbst anzuzweifeln. Vor vielen Jahren war ich sehr beeindruckt von einem Absatz in der Reclam-Einführung »Das Judentum« von Norman Solomon. Das Buch hatte ich bei einem Freund zufällig aus dem Regal gezogen, und beim Blättern las ich folgende Nicht-Definition:

> Gehört die Tomate zum Obst oder Gemüse? Für den Botaniker unzweifelhaft zum Obst, für den Küchenchef zum Gemüse – was aber würde die Tomate selbst sagen? Wenn sie überhaupt über die Sache nachdächte, würde sie wohl die gleiche Identitätskrise erleben, in die Juden leicht geraten, wenn

10 Czollek, *Desintegriert Euch!*, S. 27 f.

man sie in die Zwangsjacke einer Rasse, einer ethnischen Gruppe oder einer Religion zu stecken versucht. Lässt man sie in Ruhe, sind Tomaten und Juden weder besonders komplizierte noch obskure Wesen. Sie passen aber nicht ohne weiteres in die bequemen Kategorien wie ›Obst‹ oder ›Gemüse‹, ›Nation‹ oder ›Religion‹, die zur Klassifizierung anderer Nahrungsmittel und Menschen sonst so nützlich sind.[11]

Abgesehen davon, dass die Klassifikation von Menschen in Nationen niemals eine gute Sache sein kann, auch wenn sie vielleicht »nützlich« ist für die Aufrechterhaltung von Ausbeutungs- und Unterdrückungsverhältnissen in kapitalistischen Gesellschaften: Der hier vorgenommene Rückzug auf die Metaebene ist zwar verführerisch, er bleibt jedoch an der Oberfläche. Auch wir bezeichnen Jüdischsein als eine ambivalente Identität, die sich einfachen Definitionen entzieht. Doch wir halten es für wichtig, die darin enthaltenen Ambivalenzen genauer zu benennen und aufzudröseln. Dafür lohnt ein kurzer Blick auf die in Deutschland und Österreich gängigen Definitionen.

Eine vermeintlich einfache Antwort ist, das Judentum als Religion zu bezeichnen und die Definition anzulegen, die von jüdischen religiösen Autoritäten selbst formuliert wird. In Deutschland ist dies in der Regel eine halachische Definition von Judentum, nach der jüdisch ist, wer eine jüdische Mutter hat oder zum Judentum übergetreten ist. An dieser engen Auslegung gibt es zunehmend Kritik und ihr steht in vielen Bereichen eine andere gelebte Praxis gegenüber. Vor allem für Kinder von jüdischen Vätern und nicht-jüdischen Müttern führt diese Definition oft zu langjährigen und schmerzhaften Kämpfen um Anerkennung in jüdischen Gemeinden.[12] Oft müssen sogenannte »VaterJuden_jüdinnen« den Prozess der Konversion zum Judentum durchlaufen, obwohl sie sich seit ihrer Kindheit dem Judentum zugehörig fühlen und/oder es als Religion praktizieren.[13] Umgekehrt können sich Juden_Jüdinnen

11 Solomon, Norman, *Das Judentum. Eine kleine Einführung*, übersetzt v. Ekkehart Schöller, 5. Auflage, Stuttgart 2009 (1999) (Reclams Universal-Bibliothek 18653), S. 15.

12 Zusätzliches Problem ist, dass andere geschlechtliche Identitäten als binäre in dieser Lesart gar nicht denkbar sind.

13 Siehe dazu: Zeifert, Ruth, *Nicht ganz koscher. Vaterjuden in Deutschland*, Berlin

in der mütterlichen Linie komplett von jüdischen Traditionen abwenden, und doch würde jeder orthodoxe Rabbiner sie sofort unzweifelhaft als Juden_Jüdinnen anerkennen.

Diese Diskrepanz hat auch weitreichende Folgen für die Weitergabe von Traditionen und die konkrete Ausgestaltung von Gefühlserbschaften. Das eine Kind hört vom Kleinkindalter an: Du hast eine jüdische Mutter, also bist du jüdisch. Es sieht sich in einer Traditionslinie, selbst wenn diese Geschichte untrennbar mit der Verfolgungsgeschichte verbunden ist und wenige konkrete Bezüge zum Judentum enthält. Das andere Kind weiß zwar, dass der väterliche Großvater jüdisch ist, aber die Identifikation mit dem Judentum ist nicht möglich und wird auch nicht durch den Vater vermittelt, denn dieser sieht sich und sein Kind selbst nicht als jüdisch an. Die starken transgenerationalen Folgen der Schoa und antisemitischer Verfolgungsgeschichte wirken hier dennoch, sind durch den familienbiographischen Bruch einer positiven Identifikation mit dem Jüdischsein jedoch mitunter schwerer artikulierbar.

Noch komplizierter wird das Spannungsfeld der halachischen Definition im deutschen Kontext, wenn die davon abweichenden Definitionen berücksichtigt werden, die in der ehemaligen Sowjetunion verbreitet waren. Denn dort galt meist das patrilineare Prinzip: Wenn der Vater laut Pass Jude war, so waren es auch die Kinder.[14] Daraus ergeben sich fast zwangsläufig Konflikte und Verwerfungen zwischen verschiedenen Selbst- und Fremddefinitionen innerhalb der jüdischen Gemeinschaften in Deutschland.[15]

Eine weitere Annäherung, die vorgenommen wird, ist Juden_Jüdinnen als »Volk« oder »ethnische Gruppe« zu bezeichnen. Auch an diesem Konzept gibt es berechtigte Kritik, denn Vorstellungen von Völkern

2017. Wohl von Haselberg, Lea (Hg.), *Hybride jüdische Identitäten. Gemischte Familien und patrilineare Juden*, Berlin 2015.

14 Gilman, Sander L., »Becoming a Jew by Becoming a German. The Newest Jewish Writing from the ›East‹«, in: *Shofar* 25 (2006), H. 1, S. 16–32, hier S. 17 ff.

15 Die allgemeine Rabbinerkonferenz nimmt dies mittlerweile auch ernst und bietet im Sinne einer »Statusklärung« eine vereinfachte Konversion für patrilineare Juden_Jüdinnen an, deren Zugänglichkeit in der Praxis jedoch sehr unterschiedlich ausfällt.

bringen zwangsläufig Homogenisierungen sowie gewaltvolle Ein- und Ausschlusspraxen mit sich. Die Abstammungsidee, die der Definition vom Judentum als »Volk« zugrunde liegt, wird aus linker Perspektive scharf kritisiert, wenn es zum Beispiel um das deutsche Staatsbürgerschaftsrecht geht. Noch schlimmer ist, dass mit der »Abstammungsdefinition« de facto die rassentheoretische Klassifikation der Nazis übernommen wird. Zudem sind Menschen, die zum Judentum konvertiert sind, in dieser Definition nicht abbildbar. Auf der anderen Seite erlaubt Israel allen Personen die Alija, die mindestens ein jüdisches Großelternteil haben – egal auf welcher Seite. Und trotz aller Kritik hat Jüdischsein für viele Juden_Jüdinnen etwas mit der Geschichte ihrer Familie(n) zu tun, und für viele umfasst es außerdem eine Art Gefühl der Verbundenheit mit Juden_Jüdinnen auf der ganzen Welt, mit dem jüdischen Kollektiv, was auch immer es sein soll.

Ein weiterer Ansatz ist, Jüdischsein über familienbiographische Verfolgungserfahrung im Nationalsozialismus zu verstehen, was aber unter Umständen einen rein negativen Zugang mit sich bringt. Diese Definition schließt zudem alle Juden_Jüdinnen aus, deren Familien nicht die Schoa durchlebt haben, also vor allem viele sephardische und misrachische Juden_Jüdinnen. Auch Juden_Jüdinnen aus der ehemaligen Sowjetunion bleiben in dieser Sicht oft außen vor, wenn sie sich an ihre Eltern, Großeltern, Urgroßeltern als Befreier_innen erinnern und nicht als Verfolgte und Befreite.[16]

Manchmal wird unter dem Eindruck anderer identitätspolitischer Bewegungen, und als Ausweg aus den skizzierten Ambivalenzen, eine Selbstdefinition als Referenzpunkt gesetzt. Doch es fällt uns vor dem Hintergrund der deutschen und österreichischen Geschichte schwer, jedes »Ich fühle mich jüdisch« unhinterfragt gelten zu lassen. Denn in Deutschland und Österreich führt die Abwehr von Schuld manchmal zu einer philosemitischen Überidentifikation mit den Verfolgten von Seiten nicht-jüdische_r Deutsche_r und Österreicher_innen. Im Ex-

16 Zingher, Erica, »Kein gemeinsames Gedenken«, in: *taz*, 07.05.2020. Online abrufbar unter: taz.de/8-Mai-als-Feiertag-in-Berlin/!5681184&s=erica+zingher/ [letzter Zugriff: 17.03.2021].

tremfall wird daraus eine eigene fake-jüdische Identität konstruiert. Mediale Aufmerksamkeit erhielt zuletzt 2019 der Fall der Bloggerin Sophie Hingst, die sich in ihrem Blog höchst erfolgreich eine gefälschte jüdische Familiengeschichte einschließlich erfundener Opfer der Schoa zu eigen machte, bis die Fälschung von Martin Doerry in einer Spiegel-Reportage aufgedeckt wurde. An solchen Fällen zeigen sich viele Problematiken der deutschen Erinnerungskultur im Spannungsfeld zwischen gojischer Identifikation mit den Opfern und der Forderung nach ganz bestimmten jüdischen Narrativen, auf die wir in Kapitel 6 näher eingehen.[17] Wie häufig jüdische Biographien vorgetäuscht werden, ist nicht bekannt, doch das Unbehagen, welches solche Fälle hervorrufen, zeigt deutlich, dass es für eine Definition mehr braucht, als »sich jüdisch zu fühlen«.

All diese Konzepte bringen in ihrer Ausschließlichkeit Probleme mit sich und machen dennoch in ihrer Widersprüchlichkeit das Jüdischsein aus. Denn, wie Laura Cazés schreibt:

> Vor dieser Kulisse ist die Frage danach, ob man jüdisch ist, für die meisten jüdischen Personen in Deutschland auch immer mit einer Identitätsfrage verbunden. Und in Abhängigkeit der Biografie kann sie auch nicht homogen beantwortet werden. Jüdische Lebenswelten sind geprägt von Brüchen, Umwegen, von Heimatlosigkeit und einer Atmosphäre, in der die Frage danach, wo man eigentlich hingehört, in den meisten Fällen weder kollektiv noch abwesend einer öffentlichen Beschauung verhandelt werden kann.[18]

17 Johannes Spohr setzt sich nicht nur kritisch mit dem Fall Sophie Hingst und ihrem Suizid nach der Aufdeckung auseinander, sondern führt auch andere Fälle auf und leitet daraus grundlegende Fragen in Bezug auf Erinnerungspolitik ab: Spohr, Johannes, »Opfer Erinnerungskultur«, in: *Jalta* H. 07 (2020), S. 125–131.
18 Cazés, Laura, »Zwischen Fremdwahrnehmung und Fremdbestimmung«, in: *Journal Frankfurt*, 07.04.2021. Online abrufbar unter: www.journal-frankfurt.de//journal_news/Gesellschaft-2/Juedisches-Leben-Zwischen-Fremdwahrnehmung-und-Selbstbestimmung-37212.html [letzter Zugriff: 13.05.2021].

Deutsch vs. jüdisch

Deutsch und jüdisch werden als Kategorien häufig gegenübergestellt, als würden sie sich ausschließen. Als könne, wer jüdisch ist, nicht auch deutsch sein und andersherum.[19] Darin schwingt das antisemitische Bild vom Juden als dem ganz Anderen mit. Gleichzeitig wirft die Entgegensetzung die Frage auf, was unter »deutsch« verstanden und wie Deutschsein in Deutschland diskursiv gefasst wird.

Auf der einen Seite gibt es eine offensichtliche Diskrepanz zwischen formalrechtlicher Staatsbürgerschaft und einer zwar diffusen, aber dadurch nicht weniger wirkmächtigen, ethnisch-kulturellen Vorstellung vom Deutschsein (Stichwort »Leitkultur«). Dani Kranz zum Beispiel versucht dies begrifflich zu fassen, indem sie von »deutschen Staatsbürger*innen« versus »Biodeutschen« spricht.[20] Was der Begriff »biodeutsch« dabei ausdrücken soll, ist die Abstammungslogik, die der vorherrschenden Vorstellung vom Deutschsein zugrunde liegt.

Allerdings ist diese Abstammungslogik bekanntermaßen auch das bestimmende Prinzip des deutschen Staatsbürgerschaftsrechts. Oder, anders gesagt, das deutsche Staatsbürgerschaftsrecht definiert Deutschsein nach wie vor im Sinne der Zugehörigkeit zum *deutschen Volk*. So ist es im Grundgesetz nachzulesen:

> Deutscher im Sinne dieses Grundgesetzes ist vorbehaltlich anderweitiger gesetzlicher Regelung, wer die deutsche Staatsangehörigkeit besitzt oder als Flüchtling oder Vertriebener deutscher Volkszugehörigkeit oder als dessen Ehegatte oder Abkömmling in dem Gebiete des Deutschen Reiches nach dem Stande vom 31. Dezember 1937 Aufnahme gefunden hat.[21]

19 Ähnliches gilt für einander ausschließende Konstruktionen von Schwarz und deutsch, türkisch und deutsch oder Sinti_zze und deutsch. Dies muss (und wird) jeweils spezifisch untersucht werden, um die unterschiedlichen historischen Kontexte und gegenwärtigen Effekte deutlich zu machen, aber es gibt deutliche Parallelen in der Konstruktion von Deutschsein.

20 Kranz, Dani, »Die Desintegration der integrativen Demarkationslinie? Die deutsche Staatsangehörigkeit von Nicht-Deutschen, deutschen Staatsbürger*innen und was das mit Juden und Jüdinnen zu tun hat«, in: *Jalta* H. 02 (2017), S. 88–89, hier S. 88.

21 GG, Art. 166, § 1.

Jedes Mal, wenn ich diese Passage lese, bin ich aufs Neue fassungslos. Lassen wir es uns auf der Zunge zergehen: »Deutscher [...] ist [...] Flüchtling oder Vertriebener deutscher Volkszugehörigkeit« – nicht etwa die Nachkommen der von den Nazis Verfolgten, denen, so der nachfolgende Absatz, die Staatsangehörigkeit »entzogen worden ist« (huch!), und die »auf Antrag wieder einzubürgern« sind.[22] Als Deutsche werden sie aber nicht definiert – dies gilt in besonderem Maß für Rom_nja, Sinti_zze und Juden_Jüdinnen.

Ausschlaggebend für den Status als Deutsche_r ist damit »nicht die faktische Staatsangehörigkeit, sondern die deutsche Volkszugehörigkeit«[23]. Dieser Umstand wird noch deutlicher bei einem Blick auf das Bundesvertriebenen- und Flüchtlingsgesetz (BVFG). Hier wird explizit definiert, was »deutsche Volkszugehörigkeit« sein soll:

> Deutscher Volkszugehöriger im Sinne dieses Gesetzes ist, wer sich in seiner Heimat zum deutschen Volkstum bekannt hat, sofern dieses Bekenntnis durch bestimmte Merkmale wie Abstammung, Sprache, Erziehung, Kultur bestätigt wird.[24]

Ganz unverhohlen bezeichnet »deutsch« damit nicht (nur) ein formelles Strukturprinzip, sondern eine kulturelle Prägung, die über Abstammung weitergegeben wird.[25] Anders ausgedrückt: Bis heute liegt der Definition von Deutschsein der völkische Rassegedanke bzw. eine »Blut und Boden«-Ideologie zugrunde.

Die sehr unterschiedliche Praxis der Einbürgerung von »Vertriebenen« oder »Spätaussiedler_innen« auf der einen Seite und Juden_Jüdinnen aus den gleichen Regionen auf der anderen Seite zeigt, welche

22 GG, Art. 166, § 2. Der ganze Absatz lautet: »Frühere deutsche Staatsangehörige, denen zwischen dem 30. Januar 1933 und dem 8. Mai 1945 die Staatsangehörigkeit aus politischen, rassischen oder religiösen Gründen entzogen worden ist, und ihre Abkömmlinge sind auf Antrag wieder einzubürgern.«

23 Lwanga, Gotlinde Magiriba, »Deutsch, nein danke? Anmerkungen zu Staatsangehörigkeit, BürgerInnenrechten und Verfassung«, in: Hügel/Lange/Ayim/Bubeck/Aktaş/Schultz (Hg.), *Entfernte Verbindungen*, S. 260–272, hier S. 265.

24 BVFG, § 6, Satz 1.

25 Lwanga, »Deutsch, nein danke?«, S. 266.

Differenz mit der Definition dieser »Volkszugehörigkeit« aufrecht erhalten werden soll. Dies zeigt sich etwa in der fehlenden Anerkennung von im Ausland erworbenen Rentenansprüchen bei jüdischen Kontingentflüchtlingen aus der ehemaligen Sowjetunion im Gegensatz zu den sogenannten Spätaussiedler_innen. Dinah Riese weist eindrücklich auf die Altersarmut hin, die daraus entsteht, und auf den fehlenden politischen Willen, daran etwas zu ändern. So habe die CDU/CSU die Aufnahme jüdischer Kontingentflüchtlinge ins Fremdrentengesetz mit der Begründung abgelehnt, das Gesetz sei nur für Deutsche.[26] Auf diesen Umstand weist auch die Initiative »Zedek – Gerechtigkeit« hin.[27]

Gotlinde Lwanga beschreibt als Beispiel für die Folgen dieser Definition eine Entscheidung des Oberverwaltungsgerichts Berlin von 1991: Ein Ehepaar aus Riga sei als Vertriebene eingestuft worden, »da man nach Zeugenaussagen in der Familie deutsch sprach, deutsche Lieder sang und deutsche Bücher las«. Sechs Jahre später wurden die Ausweise wieder entzogen, »weil man entdeckt hatte, daß in der Geburtsurkunde des Mannes in der Rubrik Nationalität ›Jude‹ eingetragen war.«[28]

Kranz bringt den Sachverhalt auf den Punkt:

> Juden* sind keine ethnisch Deutschen. Das Recht sieht es so, Teile der deutschen Bevölkerung auch, sie können Staatsbürger*innen werden, aber *Staatsangehörige*? So geht einer meiner Kollegen – wie Teile der Bevölkerung dieses Landes – bis heute davon aus, dass ein Jude kein Deutscher sein kann, da er einer anderen Ethnie, der der Juden*, *angehöre*. Und Deutscher und Jude zugleich sein, das geht nun mal nicht.[29]

26 Vgl. Riese, Dinah, »Flüchtlinge aus der ehemaligen UdSSR. Arm, jüdisch, eingewandert«, in: *taz*, 23.1.2020. Online abrufbar unter: taz.de/Fluechtlinge-aus-der-frueheren-UdSSR/!5655973 [letzter Zugriff: 20.01.2021].
27 Zedek – Gerechtigkeit, »Gerechtigkeit für jüdische Zuwanderer im Rentenrecht!« [Petition]. Online abrufbar unter: zedek-gerechtigkeit.de [letzter Zugriff: 16.04.2021].
28 Lwanga, »Deutsch, nein danke?«, S. 266 f.
29 Kranz, »Die Desintegration der integrativen Demarkationslinie?«, S. 89.

Vor diesem Hintergrund ist nicht verwunderlich, dass sich das Gegensatzpaar »deutsch« versus »jüdisch« so hartnäckig hält. Die Frage an dieser Stelle ist, wie ein kritischer Umgang damit aussehen könnte.

Max Czollek spricht bewusst von »Deutschen« und »Juden«, mit dem Ziel, damit eine bestimmte vorherrschende Konstellation im Erinnerungsdiskurs beschreibbar zu machen. Unter Bezug auf Michal Bodemann beschreibt Czollek die Funktion, die Juden_Jüdinnen einnehmen als »Figuren auf der Bühne des deutschen Gedächtnistheaters«[30]. Eine Folge daraus ist, dass Juden_Jüdinnen gleichzeitig hyperpräsent sind im öffentlichen Diskurs, vor allem im Verhältnis zu ihrer relativ kleinen Zahl, gleichzeitig aber überhaupt nicht als reale Personen in ihrer realen Vielfalt und Widersprüchlichkeit wahrgenommen werden. Auf die komplexen Fragen von Sichtbarkeit und Unsichtbarkeit, die darin enthalten sind, gehen wir in Kapitel 5 näher ein, sowie auf die Funktionsweisen des Gedächtnistheaters in Kapitel 6.

Czollek betont, dass die Minderheit, in diesem Fall die jüdische, von einer unbenannten und unsichtbaren Dominanzposition aus befragt wird, die er als deutsch bezeichnet. Für ihn markieren die Begriffe »deutsch« und »jüdisch« somit unterschiedliche Sprechpositionen im deutschen Diskurs, und erst die Markierung macht die kritische Reflexion des Dominanzdiskurses und des deutschen Selbstverständnisses möglich.[31]

Das ist zwar nachvollziehbar, dennoch wird dadurch die Vorstellung reproduziert, dass Deutschsein und Jüdischsein sich ausschließen. Das hat unter anderem den Effekt, die in Deutschland vorherrschende Definition von Deutschsein als primär ethnisch-völkische Identität festzuschreiben. Außerdem trägt es massiv zur Unsichtbarmachung deutscher Juden_Jüdinnen bei – ebenso wie von weiteren marginalisierten Gruppen, die bei einem solchen Nationenverständnis exkludiert werden wie deutsche Sinti_zze, deutsche Rom_nja, Schwarze Deutsche und deutsche People of Color (PoC). Selbstverständlich haben wir kein Interesse daran, eine deutsche Identität zu beanspruchen oder hochzuhalten, weil

30 Czollek, *Desintegriert Euch!*, S. 8 f.
31 Ebd., S. 10.

es eine nationale Identität ist und bleibt, die allein konzeptuell immer Exklusivität beinhaltet, selbst wenn sie Juden_Jüdinnen einschließen sollte. Trotzdem finden wir es wichtig, existierende Ausschluss-Mechanismen sichtbar zu machen, zu benennen und zu kritisieren.

Zugespitzt wird die Problematik der Entgegensetzung »deutsch« versus »jüdisch« dadurch, dass Nicht-Juden_Jüdinnen oft große Probleme mit der Benennung von Juden_Jüdinnen haben. »Jude« wird von Nachkommen der Täter_innen als problematisch aufgeladener Begriff empfunden, wenn nicht als Schimpfwort. Verschämt wird ausgewichen auf scheinbar neutralere Formulierungen wie »jüdische Mitbürger_innen« oder gar »Menschen jüdischen Glaubens«, nur um das Wort »Jude« nicht aussprechen zu müssen.[32]

Für uns ergeben sich aus den beschriebenen Benennungsproblematiken zwei Punkte: Erstens, dass wir das Wort »Jude« ganz bewusst verwenden, um einen kleinen Beitrag zu seiner Normalisierung zu leisten. Unter anderem deswegen gendern wir in der Form »Juden_Jüdinnen«, denn hier ist »Jude« enthalten und präsent. Im Sprechen verwenden wir sogar manchmal nur die männliche Form, anders als bei anderen Personenbezeichnungen. Zweitens ergibt sich daraus, dass wir einen anderen Begriff als »deutsch« für die nicht-jüdische Position benötigen. Hier bietet sich die jüdische Bezeichnung für Nicht-Juden_Jüdinnen an: Goj[33], beziehungsweise im Plural, Gojim[34].

32 Darauf wiesen Jacoby und Lwanga schon Anfang der 1990er Jahre hin. Jacoby, Jessica / Lwanga, Gotlinde Magiriba, »Was ›sie‹ schon immer über Antisemitismus wissen wollte, aber nie zu denken wagte«, in: *Beiträge zur feministischen Theorie und Praxis* 13 (1990), H. 27, S. 95–105, hier S. 98. Auch Ronen Steinke beschreibt, wie schwer es vielen Gojim fällt, das Wort »Jude« auszusprechen. Siehe Steinke, Ronen, *Antisemitismus in der Sprache. Warum es auf die Wortwahl ankommt*, Berlin 2020, S. 7 ff.

33 Bei Begriffen aus dem Hebräischen oder Jiddischen stellt sich stets die Frage, welche Art der Umschrift verwendet wird. Soll es »Goj«, »Goy« oder »Goi« heißen, schreiben wir »aschkenasisch« oder »ashkenazisch«, »Schoa« oder »Shoah«? Da es sich bei all diesen Varianten um mehr oder weniger phonetische Übertragungen aus der hebräischen Schrift handelt, gibt es nicht die eine korrekte Umschrift. Der in sprachwissenschaftlichen Kontexten gebräuchliche Standard ist wenig alltagstauglich. Für dieses Buch haben wir uns dazu entschieden, die Formen zu verwenden, die am ehesten der deutschen Aussprache der Buchstaben entsprechen, also »Goj« und »aschkenasisch«. Denn es kommt

Benennung der dominanten Position im Herrschaftsverhältnis

Aus den Analysen und Debatten zu Rassismus, Geschlechterverhältnissen und Heteronormativität kennen wir die Überlegungen, Begriffe sowohl für die diskriminierte als auch die privilegierte Position im jeweiligen Machtverhältnis zu finden, um Verhältnisse benennbar und kritisierbar zu machen. Häufig gab es zunächst einen Begriff für die »abweichende« Position, für »die Anderen«. So ist der Begriff homosexuell beispielsweise älter als der Begriff heterosexuell. Gleiches gilt für die Begriffe trans und cis. Die Norm bleibt also häufig unbenannt, unmarkiert und gilt so als selbstverständlich. Auch aus den Ausführungen rund um Critical Whiteness kennen wir die Strategie der Sichtbarmachung der *weißen* privilegierten Position im Herrschaftsverhältnis Rassismus.

An dieser Stelle sei erwähnt, dass es eine interessante begriffliche Verwandtschaft zwischen den Fremdbezeichnungen »Goj« und »Gadje« gibt, die beide die dominante Mehrheitsposition markieren – einmal aus jüdischer und einmal aus romani Sicht. Elsa Fernandez umreißt die Bedeutung von »Gadje« so:

> »Gadje« ist ein kollektives Wort über andere Gruppen, ein Romanipe-Wort. Diese (nicht zwingend abwertende) Benennung bezeichnet jede Person ohne romani Geschichte oder Gegenwart. »Gadje« ist, soweit ich weiß, transnational, transhistorisch und in vielen romane Sprachen und Communitys präsent.[35]

uns seltsam vor, auf sprachlicher Ebene einen Umweg über das Englische und damit über US-Kontexte zu machen, wenn wir uns mit deutschen Verhältnissen auseinandersetzen.

34 Es gibt zwar eine weibliche Form von Goj – »Goja« –, aber diese Form ist überhaupt nicht gebräuchlich. »Gojim« ist der männliche Plural. Wir haben uns in diesem Buch dazu entschieden, die männlichen Formen zu nutzen, denn nur sie bringen den affektiven Gehalt mit, den der Begriff u. E. braucht, um für unsere Zwecke funktionieren zu können.

35 Fernandez, Elsa, *Fragmente über das Überleben. Romani Geschichte und Gadje-Rassismus*, Berlin 2020, S. 8.

Schon vor einigen Jahren führte Fernandez zudem den Begriff »Gadje-Rassismus« ein,[36] der einer ähnlichen Logik folgt wie unsere Idee der Gojnormativität.

Es geht nicht nur um die Findung von Begriffen, sondern auch um einen Wechsel der Blickrichtung und um eine Verschiebung des Fokus bei der Beschäftigung mit verschiedenen Herrschaftsverhältnissen. Es macht einen Unterschied, ob wir uns ausschließlich die marginalisierte Position und die Betroffenen anschauen oder ob wir uns ebenso anschauen, wer im Rahmen eines Herrschaftsverhältnisses privilegiert ist und dementsprechend keine Diskriminierungserfahrungen macht, sondern vermeintlich selbstverständlich zur Norm gehört mit all den Effekten, die das hat. Diese Effekte sind sehr vielfältig, dazu kann der Zugang zu (positiven) Repräsentationen und Vorbildern genauso gehören wie die Tatsache, selbst und/oder familiär keine Gewalt aufgrund dieses Identitätsmerkmals erleben zu müssen, nicht immer als »die Abweichung« zu gelten, unhinterfragt dazu zu gehören ... Um diesen Wechsel des Blicks vornehmen zu können, braucht es ein relationales Verständnis von Diskriminierung und dafür braucht es Sprache und Begriffe.

Im Gegensatz zur Analyse anderer Herrschaftsverhältnisse liegt für das Feld Antisemitismus (erstaunlicherweise) bisher kein Begriff für die nicht-jüdische Position vor, der systematisch Einzug in Debatten über Antisemitismus erhalten hat.[37] Wir verstehen die Einführung des Begriffs Goj daher als einen strategisch-politischen Schritt auf zwei Ebenen: Einerseits erscheint es uns auch für den Bereich Antisemitismus sinnvoll,

36 Çetin, Zülfukar / Fernandez, Elsa, »Überlieferungen und Kontinuitäten. Zülfukar Çetin im Gespräch mit Elsa Fernandez«, in: Çetin, Zülfukar / Taş, Savaş (Hg.), *Gespräche über Rassismus. Perspektiven & Widerstände*, Berlin 2015, S. 151–160, hier S. 151. Zur Diskussion um die Begriffe bezüglich der spezifischen Diskriminierung von Rom_nja und Sinti_zze siehe auch: Çetin, Zülfukar / Randjelović, Isidora, »›Das Homogene sind die Leute, die über Rom_nja reden.‹ Zülfukar Çetin im Gespräch mit Isidora Randjelović«, in: Çetin/Taş (Hg.), *Gespräche über Rassismus,* S. 31–44.

37 Vereinzelt wird der Begriff »Goj« in der Debatte um Antisemitismus bereits genutzt, um eine_n Nicht-Juden_Jüdin zu bezeichnen. Siehe z. B. Antmann, Debora, »Not Your Goy*Toy. Warum ihr nicht wisst, was ein Goy ist, und ich den Begriff wc-Deutsch liebe«, in: *Missy Magazine*, 23.05.2017. Online abrufbar unter: missy-magazine.de/blog/2017/05/23/not-your-goytoy [letzter Zugriff: 20.01.2021].

den Blick nicht nur auf Juden_Jüdinnen zu richten, sondern die privilegierte Position ebenfalls sichtbar und benennbar zu machen. Damit einhergehend ermöglicht die Benennbarkeit ebenso, die expliziten und impliziten Formen der Diskriminierung bzw. Privilegierung zur Sprache zu bringen. Andererseits geht mit der Setzung des Begriffs Goj zugleich die Forderung einher, sich für eine größere Sichtbarkeit der jüdischen Position einzusetzen und diese in allen Bereichen mehr wahrzunehmen und mitzudenken.

Wie oben ausgeführt, ist Goj die Bezeichnung für eine_n Nicht-Juden_Jüdin. Das heißt, der Begriff verrät erst mal nichts über weitere Identitätsaspekte einer Person außer darüber, dass die Person nicht-jüdisch ist und im Herrschaftsverhältnis Antisemitismus auf der privilegierten Seite steht. Unseres Erachtens ist genau dies eine Stärke des Begriffs. Mit dem Begriff Goj kann etwas benannt werden, das quer zu den vorherrschenden Kategorien (Race, Religion ...) liegt. Damit muss nicht vorweg definiert werden, was Jüdischsein bedeutet.

Die Identitätsaspekte jüdisch und gojisch können zudem in den Verschränkungen zu anderen identitären Bezügen betrachtet werden: Eine Person of Color kann gojisch oder jüdisch sein, ebenso eine behinderte Person oder eine trans* Person. Gerade für das Konzept der Intersektionalität steckt in dem Begriffspaar Goj – Jude_Jüdin eine Chance, fällt doch das Jüdischsein allzu oft aus intersektionalen Debatten heraus, weil sich die Schwierigkeit der Definition von Jüdischsein auch in den Achsen des Intersektionalitätskonzepts widerspiegelt. Darauf gehen wir in Kapitel 4 ausführlich ein.

Was eine gojische Position bedeutet, muss im jeweils spezifischen Kontext und unter Bezugnahme auf andere Identitätsaspekte genau betrachtet werden. So bedeutet es im Hinblick auf Erfahrungen, Bezugsrahmen, Familiengeschichte etc. z. B. etwas anderes, in Deutschland oder Österreich *weiß* und gojisch oder PoC und gojisch zu sein. Wiederum etwas anderes bedeutet es in den USA, Argentinien, Italien oder Israel. Deshalb muss immer genau überlegt werden, wer wo und wann mit Goj gemeint ist. Es geht nicht darum, eine Konkurrenz von Erfahrungen aufzumachen oder Erfahrungen anderer marginalisierter Gruppen unsichtbar zu machen. Es kann sinnvoll sein, je nach Debatte und Zielsetzung, andere

Begriffe zu nutzen, weil sie Erfahrungen besser fassen oder für Allianzen sinnvoll sind.

Was nicht vergessen werden sollte, ist, dass Identitäten immer auch brüchig und ambivalent sind. Sehr viele Menschen haben zum Beispiel »gemischte« Familienbiographien und -narrative, etwa einen Teil der Familie mit jüdischer Verfolgungsgeschichte und einen Teil mit Nazihintergrund[38]. Auch für die Artikulation solcher Gefühlserbschaften oder anderer komplexer biographischer Erzählungen, die nicht so richtig in unsere Kategorien passen wollen, muss es Platz geben. Jüdische Identitäten sind ohnehin selten frei von Brüchen, Ambivalenzen und Widersprüchen, wie wir bereits aufgeführt haben.

Dennoch ermöglicht die Einführung des Begriffs Goj in Bezug auf Antisemitismus und antisemitische Erfahrungen die privilegierte, nämlich nicht-jüdische bzw. gojische, Position sichtbar und besprechbar zu machen. Wie das genau aussehen könnte, damit beschäftigen sich die folgenden Kapitel.

38 Moshtari Hilal und Sinthujan Varatharajah platzierten den Begriff »Deutsche mit Nazihintergrund« im Rahmen eines Instagram-Livetalks einerseits, um die Benennungspraxis, die sonst »Deutsche mit Migrationshintergrund« markiert, deutlich zu machen und andererseits, um markieren zu können, wer vom NS-Regime profitiert hat und in diesem privilegiert war. Zum Weiterlesen siehe: Monecke, Nina, »›Es geht uns nicht um Boykott, sondern um Transparenz‹« [Interview mit Moshtari Hilal und Sinthujan Varatharajah], in: *ze.tt*, 19.03.2021. Online abrufbar unter: www.zeit.de/zett/politik/2021-03/ns-familiengeschichte-instagram-diskussion-nazihintergrund-moshtari-hilal-sinthujan-varatharajah [letzter Zugriff: 09.05.2021].

3. GOJNORMATIVITÄTSKRITIK

In diesem Kapitel geht es um unseren Ansatz der Gojnormativitätskritik. Anders gesagt erklären wir genauer, auf welche Weise und mit Hilfe welcher Konzepte wir uns das Verhältnis von Jüdischsein und Gojischsein vorstellen und begreiflich machen. Als ersten Schritt möchten wir einige Begriffe diskutieren, die entwickelt wurden, um verschiedene Positionen auf der Achse »jüdisch versus gojisch« im deutschen gesellschaftlichen Machtgefüge beschreibbar zu machen. Dabei ist es uns wichtig, die Konzepte und Begriffe nicht gegeneinander zu diskutieren. Alle Begriffe können hilfreich sein, aber vielleicht in unterschiedlicher Weise, je nach Kontext oder mit unterschiedlichen Zielsetzungen. Generell sind wir überzeugt, dass es mehr Möglichkeiten des Benennens von jüdischen und gojischen Positionierungen braucht, nicht weniger.

Christliche Normen, christliche Dominanz

In dem von Ika Hügel, Chris Lange, May Ayim, Ilona Bubeck, Gülşen Aktaş und Dagmar Schultz herausgegebenen Band »Entfernte Verbindungen« unternahm eine Gruppe von Feministinnen in den 1990er Jahren den Versuch, verschiedene Unterdrückungsformen ins Verhältnis zueinander zu setzen. Im Fokus standen dabei – neben Sexismus und Patriarchat – Rassismus, Antisemitismus und Klassismus.[1] In dem Versuch, die verschiedenen Unterdrückungsformen gleichzeitig und in ihren Verschränkungen in den Blick zu nehmen, und dabei auch Antisemitismus zu analysieren, stellt das Buch nach wie vor eine wichtige Inspirationsquelle dar. Bei aller Zeitgebundenheit, die sich z. B. in manchen

1 Hügel/Lange/Ayim/Bubeck/Aktaş/Schultz (Hg.), *Entfernte Verbindungen.*

Begriffen zeigt, sind viele der darin enthaltenen Texte, gerade in Bezug auf Antisemitismus, von erschreckender und gleichzeitig ernüchternder Aktualität.

Chris Lange setzt sich in ihrem Beitrag mit dem Stellenwert von Religion und Spiritualität in der Frauenbewegung auseinander. Dabei verfolgt sie das Ziel, »der versteckten Christlichkeit von Feministinnen auf die Spur [zu] kommen«[2]. Sie kritisiert insbesondere, dass sich viele Frauen als atheistisch begreifen, dabei aber vergessen, dass sie dennoch eine christliche Sozialisation durchlaufen haben und dadurch stärker beeinflusst sind, als sie es wahrhaben wollen:

> Die Frauenbewegung griff Kirchen und Christentum im Rahmen der Patriarchatskritik zu Recht heftig an. [...] Auch wenn sie absolut nichts mit der Kirche zu tun haben wollen, so sind viele weiße deutsche Feministinnen doch als christlich-säkular zu bezeichnen, d. h. auf verweltlichte Art christlich. Sie begreifen sich selbst nicht als Christinnen; die christlich geprägte Umgebung, in die sie hineingeboren wurden und in der sie aufgewachsen sind, hat jedoch ihre Spuren hinterlassen.[3]

Gleichzeitig betont Lange, wie stark das Christentum in Deutschland nach wie vor als kulturelle Norm fungiert. Denn der Begriff *christlich säkular* zeigt nicht nur die Spuren auf, die ein unhinterfragt christlich geprägtes Umfeld bei der_dem Einzelnen hinterlässt. Dieser weist auch darauf hin, dass christliche Praktiken, indem sie als »säkular« gesetzt werden, zur Norm erklärt werden – das Paradebeispiel dafür ist Weihnachten. An Weihnachten steht alles still, wochenlang wird »Frohe Weihnachten« zur allgemeinen Verabschiedungs-Grußformel umfunktioniert. In meiner öffentlichen Grundschule wurde im Dezember jeden Montag ein Adventssingen unter einem riesigen Adventskranz veranstaltet, wobei es gar kein Bewusstsein dafür gab, dass nicht alle Kinder christlich waren. Schon als Kind kam mir das komisch vor, auch wenn ich die

2 Lange, Chris, »Evatöchter wider Willen. Feministinnen und Religion«, in: Hügel/Lange/Ayim/Bubeck/Aktaş/Schultz (Hg.), *Entfernte Verbindungen*, S. 95–109, hier S. 95.
3 Ebd., S. 103.

Chance nutzte, um meine Familie mit ausdauerndem Singen der christlichsten Lieder zu quälen.[4]

Durch die Setzung als unhinterfragte Norm werden christliche Praktiken scheinbar von Religion entkoppelt, während andere religiöse Praktiken, etwa das Feiern muslimischer oder jüdischer Feste, immer mit der Religion verknüpft bleiben. Daraus entsteht ein Ungleichgewicht, gegen das sich Lange mit dem Aufruf an christlich sozialisierte Frauen, sich ihrer Positionierung bewusst zu werden, wendet. Das Erkennen und Anerkennen christlicher Dominanz steht dabei, wie Lange betont, keinesfalls im Widerspruch zu Religionskritik. Im Gegenteil, eigentlich kann es als Voraussetzung einer grundlegenden Kritik am Christentum gelten:

> Christentum als Teil der hiesigen Kultur anzuerkennen hat nichts damit zu tun, ob jemand gläubige Christin / gläubiger Christ ist. Gerade wenn wir dieser Kultur und der Rolle, die Kirchen und Christentum darin spielen, kritisch gegenüberstehen, ist es notwendig, uns darüber klar zu werden, wo und wie wir davon beeinflußt sind.[5]

Diese Erkenntnis ist nicht unbedingt leicht zugänglich, eben weil das Christentum als unsichtbare Norm funktioniert. Deswegen wissen die wenigsten Menschen, so schreiben es Jessica Jacoby und Gotlinde Lwanga, »was das spezifisch Christliche ihrer säkularen Kultur ist, weil es als quasi-natürlicher Zustand, als Selbstverständlichkeit oder als die kulturelle Normalität schlechthin empfunden wird.«[6] Eine Folge davon ist, dass etwa Ostern problemlos zum säkularen Frühlingsfest umgedeutet werden kann, während Pessach immer mit Religion assoziiert bleibt, auch wenn es genauso ein Frühlingsfest ist.

4 Lange nennt weitere Arten, wie Weihnachten als Norm funktioniert und gesetzt wird, ebd., S. 100 f. Siehe auch: Antmann, Debora, »Weihnachten ist ein Emo-Zirkus«, in: *Missy Magazine*, 07.01.2020. Online abrufbar unter: missy-magazine.de/blog/2020/01/07/weihnachten-ist-ein-emo-zirkus [letzter Zugriff: 12.04.2021]. Während der Corona-Pandemie wurde die normative Setzung von Weihnachten besonders offensichtlich. Siehe Grossmann, Juna, »Die fehlende (Be)Achtung in der Pandemie«, in: *irgendwie jüdisch*. Online abrufbar unter: irgendwiejuedisch.com/2020/12/die-fehlende-beachtung-in-der-pandemie.html [letzter Zugriff: 13.05.2021].

5 Lange, »Evatöchter wider Willen«, S. 105.

6 Jacoby/Lwanga, »Was ›sie‹ schon immer über Antisemitismus wissen wollte«, S. 97.

Birgit Rommelspacher nennt diesen Mechanismus »Säkularisierung als Ideologie«:

> Säkularisierung wird dann insofern zur Ideologie, als das Andere in Kategorien des Religiösen abgewertet wird. Damit täuscht man sich, wie wir sehen werden, nicht nur über die anderen, sondern auch über sich selbst.[7]

Und etwas später:

> Die Konstruktion des anderen als das Religiöse und des eigenen als das Säkulare negiert die Prägung unserer Gesellschaft durch die christliche Religion und damit auch deren Dominanz gegenüber den anderen Religionen.[8]

Ein Begriff, der ganz ähnlich funktioniert wie »christlich säkular«, aber dabei vielleicht noch etwas eingängiger ist und die normative Setzung des Christentums stärker betont, ist »christo-normativ«. Diesen Ausdruck hörten wir das erste Mal von Dani Kranz bei einer Veranstaltung des Kompetenzzentrums für Prävention und Empowerment (ZWST).[9] Auch »christo-normativ« zielt auf die Thematisierung des Christentums als unsichtbarer kultureller Norm ab. Besonders spricht uns hier an, dass beim Konzept der Christonormativität strukturelle Machtverhältnisse und nicht individuelle Sozialisation im Vordergrund stehen. Unter anderem kann dadurch vermieden werden, dass Menschen in eine Re-Identifikation mit dem Christentum gezwungen werden, von dem sie sich in mitunter anstrengenden und schmerzhaften Kämpfen befreit haben. Im Vordergrund steht die kulturelle Norm, nicht die individuelle Biographie, auch wenn Christonormativität selbstverständlich als Werkzeug genutzt werden kann, um aus unterschiedlichen Positionen über

7 Rommelspacher, Birgit, *Schuldlos – Schuldig? Wie sich junge Frauen mit Antisemitismus auseinandersetzen*, Hamburg 1995, S. 148.

8 Ebd., S. 154.

9 Kompetenzzentrum für Prävention und Empowerment, »Kick-off. Let's talk about #roots«, mit Petra Pau, Sharon Adler, Ina Rosenthal, Alissa Maxman, Dani Kranz, Mirna Funk, 31.03.2018. Veranstaltungsankündigung online abrufbar unter: zwst-kompetenzzentrum.de/kick-off-lets-talk-about-roots [letzter Zugriff: 27.01.2021]. Persönliche Notizen der Autorinnen.

eigene christo-normative Annahmen, Praktiken oder Leerstellen nachzudenken.

Eine weitere Stärke ist, dass sich durch diese Brille der Umstand in den Blick nehmen lässt, dass auch nicht-christliche Menschen in Deutschland oft christo-normativ geprägt sind. Gerade unhinterfragte Normen schreiben sich in alle ein, und genauso wie queere Jugendliche stark durch die Heteronorm beeinflusst werden, so müssen sich auch Juden_Jüdinnen in Deutschland und Österreich in irgendeiner Weise zur christlichen Norm verhalten. Für manche könnte gewissermaßen sogar von einer christlichen Sozialisation die Rede sein. Viele jüdische oder teiljüdische Familien, auch unsere, feierten Weihnachten und Ostern und dafür keine jüdischen Feste. Grund dafür ist einerseits der Abbruch von Traditionen und die fehlende Weitergabe von Praktiken aufgrund der Schoa. Andererseits gab es schon seit Ende des 19. Jahrhunderts die durchaus verbreitete Praxis unter deutschen und österreichischen Juden_Jüdinnen, Weihnachten »als völlig säkulares Winterfest« zu feiern.[10] Als Gegenbewegung dazu wurden von zionistischen Jugendorganisationen »Makkabäerbälle« am 24. Dezember veranstaltet, in einem Versuch, Chanukka als Alternative zu Weihnachten zu etablieren. Gershom Scholem schreibt dazu in seiner Autobiographie:

> Chanukka [...] wurde von der Zionistischen Bewegung erst richtig hochgespielt. Am Weihnachtsabend fand damals, vor allem wohl zugunsten der vielen ledigen jungen Männer und Mädchen, die die Weihnachtsfeiern ihrer Eltern nicht mitmachen wollten, ein sogenannter Makkabäerball statt, eine sonderbare Erfindung, gegen die die Makkabäer wie gegen so manches, was später in ihrem Namen praktiziert wurde, wohl einiges zu sagen gehabt hätten.[11]

10 Davidowicz, Klaus, »Eine kulturhistorische Reminiszenz. Chanukka und Weihnachten«, in: *David* H. 67 (2005). Online abrufbar unter: davidkultur.at/artikel/eine-kulturhistorische-reminiszenz [letzter Zugriff: 28.01.2021].

11 Scholem, Gershom, *Von Berlin nach Jerusalem. Jugenderinnerungen*, Frankfurt a. M. 1977, S. 42.

Diese Mischung aus Christonormativität, Assimilationsprozessen und nicht religiös praktizierender Lebensweise bringt bis heute absurde Effekte hervor. In meiner jüdischen Familie zum Beispiel ließen sich Weihnachten und Ostern jahrzehntelang als voll und ganz säkulare und areligiöse Feste feiern, aber eine Einladung zu einem Sederabend zu Pessach führte zu der nur oberflächlich scherzhaften Frage: »Muss ich mir Sorgen machen, dass du religiös wirst?« Eine säkulare jüdische Praxis scheint undenkbar.

Christonormativität plus Weißsein

Vor einigen Jahren platzierte Debora Antmann in ihrer Kolumne im Missy Magazine den Begriff »wc-deutsch«[12], als dessen Ursprung sie den lesbisch-feministischen Schabbeskreis nennt.[13] »wc« steht für »weiß und christlich (sozialisiert)«, eine Formulierung, die an Langes Begriffe erinnert, und die sich in leichten Abwandlungen durch einen Großteil der Texte in *Entfernte Verbindungen* zieht, was wenig überraschend ist, da auch Schabbeskreis-Mitglieder an dem Buch beteiligt waren. Mit dieser Formulierung wird, zusätzlich zur unsichtbaren christlichen Norm, die unhinterfragte *weiße* Norm markiert. So kann explizit gemacht werden, was oft versteckt bleibt, aber umso stärker wirkt: dass »deutsch« häufig als *weiß*, christo-normativ und nicht migrantisiert verstanden wird.

Für die Kritik an dieser Vorstellung vom Deutschsein ist »wc-deutsch« daher sehr hilfreich, denn durch die nähere Bestimmung kann vermieden werden, dass die Kritik an dieser reaktionären Vorstellung sie zugleich

12 Antmann, »Not Your Goy*Toy«.

13 Lohaus, Stefanie / Knödler, Janne / Yun, Vina, »›Bist du … ähm …?‹ Drei jüdische Feministinnen, zwei volle Aschenbecher, ein Thema: Antisemitismus. [Interview mit Sharon Adler, Debora Antmann und Leah Carola Czollek]«, in: *Missy Magazine*, 29.01.2018. Online abrufbar unter: missy-magazine.de/blog/2018/01/29/bist-du-aehm [letzter Zugriff: 20.01.2021].

auch reproduziert. Um an das vorige Kapitel anzuknüpfen: Wenn deutsch und jüdisch als Gegensatzpaar verwendet wird, wirken die beiden Kategorien, als schlössen sie sich gegenseitig aus, als könnte eine Person also nicht deutsch und jüdisch gleichzeitig sein. Dagegen öffnet die Beschreibung der Norm als wc-deutsch einen Raum für deutsch-jüdische Positionierungen jenseits dieser Norm. Gleichzeitig werden dadurch potenzielle Allianzen mit anderen möglich, die aus der Norm des wc-Deutschen ebenfalls ausgeschlossen sind, etwa mit Muslim_innen, Rom_nja und Sinti_zze, bzw. generell mit Menschen, die von Rassismus betroffen sind.

Kritisches Nicht-Jüdischsein

Als letzten der Begriffe, die uns im Nachdenken über das Verhältnis zwischen Juden_Jüdinnen und Gojim inspiriert haben, möchten wir »Kritisches Nicht-Jüdischsein« nennen. Diesem begegneten wir in der Ankündigung eines Vortrags von Michal Schwartze im Rahmen einer Ringvorlesung, die im Winter 2016/17 vom Institut für postkoloniale Studien (IfpS) in Frankfurt am Main veranstaltet wurde. Der Titel des Vortrags lautete: »›Teaching the Holocaust is not possible without teaching Jewish history‹. Kritisches Nicht-Jüdisch-Sein und kritisches Weißsein in der schulischen Bildungsarbeit.«[14]

Kritisches Nicht-Jüdischsein ist in Analogie zu Critical Whiteness gebildet. In ähnlicher Weise enthält es das Potenzial, die Blickrichtung umzukehren, um nicht das scheinbar Abweichende, Andere in den Blick zu nehmen, sondern die dominante und somit privilegierte Position. Damit wird die unhinterfragte Normalität der privilegierten Position

14 Schwartze, Susanne Michal, »›Teaching the Holocaust is not possible without teaching Jewish history‹. Kritisches Nicht-Jüdisch-Sein und kritisches Weißsein in der schulischen Bildungsarbeit.«, in: Institut für postkoloniale Studien Frankfurt a. M., *The Past Didn't Go Anywhere. Antisemitismus und Postkoloniale Theorie*, Ringvorlesung, 15.12.2016. Ankündigung online abrufbar unter: www.facebook.com/events/1196632087091064 [letzter Zugriff: 28.01.2021].

erst sichtbar und besprechbar, es öffnet sich ein Raum für kritische Reflexionen und Analysen. Für Schwartze geht es vor allem darum, von Gojim, die im Bereich der Shoa Education tätig sind oder allgemein im pädagogischen Bereich, mehr Bewusstsein für ihre eigene familienbiographische Positioniertheit einzufordern, wie sie in einem Podiumsgespräch beim Fachsymposium des Kompetenzzentrums für Prävention und Empowerment (ZWST) im Oktober 2017 erläuterte:

> Ich habe irgendwann diesen Begriff erfunden ›kritisches Nicht-Jüdisch-Sein‹, in Anknüpfung an ›Kritisches Weiß-Sein‹ – einfach sich überlegen: Wie hat meine Familie von der Judenverfolgung und -vernichtung profitiert? Diese Frage wird nicht gestellt.[15]

Unseres Wissens nach ist der Begriff des Kritischen Nicht-Jüdischseins weder von Schwartze noch von jemand anderem weiter ausgearbeitet worden. Gerade für die Bildungsarbeit zu Antisemitismus und zur Schoa wäre dies jedoch ein wichtiger Ansatzpunkt, der in der Bildungsarbeit zu Rassismus oder Heteronormativität längst gängige Praxis ist. Erste Ansätze finden sich in Konzeptionen antisemitismuskritischer Bildung, die sich seit einigen Jahren in Analogie zu rassismuskritischer Bildung ausdifferenziert.[16]

15 Zentralwohlfahrtsstelle der Juden in Deutschland e. V., »Symposium 2. Empirische Annäherungen und Situationsanalyse«, mit Deirdre Berger, Meron Mendel und Michal Schwartze, Moderation: Rosa Fava, in: Dies. (Hg.), *Antisemitismus an der Schule. Ein beständiges Problem?* [Dokumentation des Fachsymposiums, 24.–25. Oktober 2017, Berlin], Frankfurt a. M. 2018, S. 33–43. Online abrufbar unter: zwst-kompetenzzentrum.de/wp-content/uploads/2019/03/KoZe_FS2017_web.pdf [letzter Zugriff: 20.01.2021], hier S. 38 f.

16 Chernivsky, Marina, »Thematische Einführung in das Diskussionsforum: Antisemitismuskritische Bildung – Ansätze, Streiträume, Allianzen«, in: *Lernen aus der Geschichte*. Online abrufbar unter: lernen-aus-der-geschichte.de/Lernen-und-Lehren/content/13760 [letzter Zugriff: 30.01.2021].

Gojnormativitätskritik: die Norm doppelt dezentrieren

In der Umkehrung der Blickrichtung enthält das Kritische Nicht-Jüdischsein die gleiche Strategie wie viele andere Ansätze, die darauf abzielen, die vermeintliche Norm in den Fokus ihrer Analysen zu stellen. Dazu gehören, um nur zwei weitere Beispiele zu nennen, die Kritische Männlichkeitsforschung und die Heteronormativitätskritik. »Heteronormativität als analytisches Konzept«, so Sabine Hark, ziele darauf,

> das sichtbar zu machen, was am Wenigsten sichtbar ist: dass Heterosexualität als Identität und Institution, als Praxis und als System so beharrlich ist, gerade weil von ihr nicht gesprochen wird, weil sie als unsichtbare, gleichwohl mächtige Textur des Sozialen [...] operiert.[17]

Heteronormativitätskritik ist demnach ein Werkzeug, das genutzt werden kann, um die scheinbare Selbstverständlichkeit des Status quo in Frage zu stellen. So können unsichtbare gesellschaftliche Strukturen und Logiken sichtbar gemacht werden, deren vermeintlich »natürliches« Funktionieren die Basis für den vermeintlich selbstverständlichen Zugang zu Ressourcen für die Privilegierten und für Ausgrenzung, Unterdrückung und Diskriminierung bildet.

Um die verschiedenen Stränge unserer bisherigen Ausführungen zusammenzuführen, haben wir den Begriff der *Gojnormativität* entwickelt. Er ist in Analogie zu Heteronormativität gebildet, um – wie beschrieben – gesellschaftliche Macht- und Herrschaftsverhältnisse in den Blick zu nehmen und die vermeintliche Selbstverständlichkeit der Norm zu hinterfragen. Gleichzeitig greift er die sprachlichen Aspekte auf, um die es im vorigen Kapitel ging. Obwohl alle der hier vorgestellten Begriffe und Denkwerkzeuge ihre Vorteile mit sich bringen, wollten wir für die Betrachtung der Norm eine jüdische Perspektive als Ausgangspunkt wählen, und uns das Recht herausnehmen, sie mit einem hebräischen und

17 Hark, Sabine, »Heteronormativität Revisited. Komplexität und Grenzen einer Kategorie«, in: Kraß, Andreas (Hg.), *Queer Studies in Deutschland. Interdisziplinäre Beiträge zur kritischen Heteronormativitätsforschung*, Berlin 2009, S. 23–40, hier S. 28.

jiddischen Wort zu bezeichnen. So wird die Norm doppelt dezentriert: Dadurch, dass sie überhaupt als Norm benannt und analysiert wird; und dadurch, dass sie quasi von außen mit einer Fremdbezeichnung versehen wird: Goj.

Gojnormativität als Begriff dient dazu, die unmarkierte Norm des Nicht-Jüdischen oder der nicht-jüdischen Perspektive zu bezeichnen, zu kritisieren sowie zu reflektieren. Indem nicht die (jüdische) »Abweichung«, sondern die (gojische) »Norm« in den Analysefokus gerückt wird, kann Antisemitismus als Strukturprinzip erfasst werden, das weit über die aktive und absichtliche Feindschaft gegen Juden_Jüdinnen hinaus geht.

Dabei bezeichnen wir mit Gojnormativität den Ist-Zustand, das analysierte Phänomen, oder, anders gesagt, einen Aspekt gesellschaftlicher Machtverhältnisse. *Gojnormativitätskritik* hingegen ist unser Ansatz der Kritik an diesen Verhältnissen. Es umfasst zuallererst die Analyse von Gojnormativität und ihren Erscheinungsweisen sowie ihren Effekten. Als politische Intervention in aktuelle Diskurse beinhaltet die Gojnormativitätskritik aber auch ein Programm der Reflexion der gojischen Position und der damit einhergehenden strukturellen Privilegien. Schließlich bezweckt Gojnormativitätskritik eine Stärkung der jüdischen Position, indem diese von den Rändern ins Zentrum gerückt wird.

Gojnormativitätskritik ist ein Werkzeug, es stellt eine bestimmte Perspektive dar, mit der gesellschaftliche Verhältnisse betrachtet werden können. Wie bei anderen Dingen, die ohne einen speziell geschulten Blick so selbstverständlich scheinen, dass sie meist gar keine Aufmerksamkeit auf sich ziehen, brauchen wir eine solche informierte und geschärfte Perspektive, um die Norm überhaupt als Norm wahrnehmen zu können. Das gilt beispielsweise für das Zweigeschlechtersystem genauso wie für Ableismus, und eben auch für gojnormative Setzungen.

Gojnormativität bedeutet, dass die gojische Position unhinterfragt als »normal« angenommen wird. Die Analyse von Gojnormativität ersetzt keine umfassende Antisemitismusanalyse und soll auch keine geschlossene Theorie anbieten. Bezogen auf verschiedene Themenkomplexe dient uns Gojnormativitätskritik als Brille, mit der wir uns Diskurse rund um Juden_Jüdinnen und Antisemitismus auf eine neue Art anzusehen versuchen. Wie Gojnormativität im Alltag funktioniert, stellen wir im Folgenden an einigen Beispielen vor.

In der Bildungsarbeit zum Nationalsozialismus und zur Schoa in Deutschland und Österreich etwa haben Juden_Jüdinnen einen festen Platz als Zeitzeug_innen. Aber adressiert wird immer ein gojisches Publikum. Aus unserer eigenen Schulzeit ist uns allzu genau in Erinnerung geblieben, wie es sich anfühlt, als einzige Jugendliche mit jüdischen Bezügen bei einer Fahrt zur KZ-Gedenkstätte dabei zu sein. Wenn es kein Angebot gibt, das dabei helfen könnte zu begreifen oder gar zu artikulieren, wieso sich dieser Ausflug anders anfühlt als für die anderen. Wenn es keinen emotionalen Support, keinen Versuch des Auffangens gibt. Wenn sich die eigene emotionale Reaktion dadurch übertrieben, gefühlsduselig, aufmerksamkeitsheischend anfühlt – und am Ende vor allem ein Gefühl großer Einsamkeit bleibt.

Mag sein, dass sich diese Dinge seit den 1990er Jahren minimal gebessert haben. Doch leider ist der Mechanismus, gerade im Gedenken an Nationalsozialismus und Schoa die gojische Position und (Familien-)Biographie als selbstverständlich und normal anzunehmen, auch in linken erinnerungspolitischen Kontexten verbreitet. Der Impuls, aus dem dies geschieht, ist nachvollziehbar. Auf diese Weise sollen Kontinuitäten betont werden, und die Vielzahl an persönlichen Verstrickungen in diese Kontinuitäten. Die Nazis, so die Message, das waren nicht irgendwelche nebulösen anderen, sondern *dein* (Ur-)Opa und *meine* (Ur-)Oma. So lautete denn auch der Titel einer Veranstaltungsreihe, zu der ich in Berlin vor bestimmt 15 Jahren einen Flyer in die Hand gedrückt bekam: »Opa war ein Nazi«. Damals erschien mir das gar nicht seltsam, bis eine Freundin, auch Jüdin, sich darüber schrecklich empörte. Und sie hatte recht, denn für uns beide galt: *Mein* Opa war *kein* Nazi.

Mehr noch als über die deutsche postnationalsozialistische Gesellschaft sagt der Titel also etwas darüber aus, wie sich die antifaschistische Linke in Deutschland selbst imaginiert. Um keine Missverständnisse aufkommen zu lassen: Es ist sehr wichtig, dass sich *weiße* gojische Linke über ihre familienbiographischen Verstrickungen Gedanken machen und diese in ihrem Alltag und ihrer politischen Arbeit reflektieren. Noch schöner wäre es jedoch, wenn sie diese Erfahrungen nicht als allgemeingültig wahrnehmen würden.

Das gilt nicht nur für die Frage der Gojnormativität, sondern auch für die *weiße* Dominanz in linken Zusammenhängen. Diese wurde in den letzten Jahren aus migrantischer und BIPoC-Perspektive[18] deutlicher Kritik unterzogen. Manchmal entsteht allerdings aus dem Versuch, die Kritik wahrzunehmen und aufzugreifen, ein weiterer gojnormativer Effekt. Es ist mir schon öfter passiert, dass ich bei einem Vernetzungstreffen oder auf einem Plenum saß, bei dem in selbstkritischer Absicht der Befund formuliert wurde: »Leider sind wir ja hier alle Kartoffeln.« Kartoffel steht für *weiße* gojische nicht-migrantisierte gadje Deutsche. Meine jüdischen Bezüge werden in solchen Momenten jedes Mal aufs Neue unsichtbar gemacht.[19]

Ähnlich ist es, wenn in der bekannten Reihung von in linken Räumen unerwünschten Verhaltensweisen (Sexismus, Rassismus, Homo- und Trans*feindlichkeit, Ableismus, Klassismus, Fatphobia ...) Antisemitismus fast immer fehlt. Was hier geschieht, ist, dass Antisemitismus als Unterdrückungsform jedes Mal aufs Neue aus dem Katalog der »anerkannten« Diskriminierungen herausgeschrieben wird. Juden_Jüdinnen werden damit nicht als diskriminierte Gruppe benannt. In der Folge fehlt uns der sprachliche Grundkonsens, um unsere Erfahrungen artikulieren zu können, und vor allem, um gehört zu werden.

Gojnormativität kann auch in Form von Exotisierung auftreten, etwa wenn Juden_Jüdinnen in voyeuristischer und grenzüberschreitender Form über das Judentum ausgefragt werden, egal ob dies in der jeweiligen Gesprächssituation passend erscheint oder nicht. Wie bei anderen

18 Die Abkürzung BIPoC steht für Black, Indigenous and People / Person of Color.
19 Es sei angemerkt, dass es darüber hinaus sowieso schwierig ist, nach dem »Augenschein« zu gehen, denn nicht alle Schwarzen Menschen, PoC oder migrantisierten Menschen sind »einfach so« erkennbar. Es gibt z. B. das Phänomen des white passing und es kann eine sehr schmerzhafte Erfahrung sein, die eigene Anwesenheit in »Schutzräumen« immer wieder legitimieren zu müssen oder aber die eigene Positionierung explizit machen zu müssen, um angenommene Homogenisierungen zu durchbrechen.

Themen wird die Grenzüberschreitung meist eingeleitet durch »Darf ich dich mal was fragen?« und damit scheinbar legitimiert.

Bei all diesen und vielen weiteren Mechanismen der Gojnormativität, die wir in den folgenden Kapiteln genauer betrachten und systematisieren, gibt es eine große Bandbreite an Effekten. Manche sind für sich genommen eher »harmlos«, andere so »heftig«, dass einer_einem fast die Spucke wegbleibt. Das korreliert nicht unbedingt damit, ob etwas *absichtlich* geschieht oder nicht. Die meisten der hier analysierten Beispiele sind nicht intentional, denn genau das ist Teil des Wesens der Gojnormativität, dass auch krasse Dinge komplett normal erscheinen und unbewusst (re-)produziert werden.

Die beschriebenen Phänomene reichen von fehlender Repräsentation bis hin zu aktiver Unsichtbarmachung jüdischer Perspektiven, von philosemitischer Überidentifikation bis hin zum Bagatellisieren, Negieren und Instrumentalisieren von Antisemitismus. Gojnormativität produziert Unsichtbarkeit, Nicht-Wissen, Nicht-Wahrnehmen. Sie führt dazu, dass Juden_Jüdinnen in bestimmte Rollen gedrängt werden, etwa in der Erinnerungspolitik. Sie zeigt sich in der Instrumentalisierung von Juden_Jüdinnen für gojisch-deutsche Selbstvergewisserung, für antimuslimischen Rassismus und manchmal auch für linke Grabenkämpfe. Es ist aber auch ein Ausdruck von Gojnormativität, wenn Linke nicht im Stande sind, die Mechanismen der Instrumentalisierung zu erkennen, und stattdessen antisemitische Stereotype reproduzieren.

Zum Verhältnis von Antisemitismus und Gojnormativität

Unser Fokus in den Analysen dieses Buches ist Gojnormativität, und es geht um Antisemitismus. Hier stellt sich die Frage, in welchem Verhältnis Antisemitismus und Gojnormativität zueinander stehen. Um es klar vorab zu betonen: Gojnormativität und Antisemitismus sind nicht deckungsgleich, und unser Vorschlag ist definitiv *nicht*, »Antisemitismus« durch »Gojnormativität« zu ersetzen. Das würde zu einem verkürzten und unvollständigen Verständnis von Antisemitismus führen und damit zu einer höchst problematischen Verharmlosung. Viele der klassischen Formen von Antisemitismus haben überhaupt nichts mit Gojnormativität zu tun – sei es das verschwörungsideologische Denken, der rassifizierende Antisemitismus der alten und neuen Nazis oder die alten aber nach wie vor höchst präsenten antisemitischen Bilder (Geld, Macht, Illoyalität, Brunnenvergiftung, Blutopfer usw.). Eine Beschäftigung mit Gojnormativität ersetzt demnach nicht die eigenständige und größere Analyse von Antisemitismus – in all seinen Facetten.

Antisemitismus ist viel mehr als das Verhältnis zwischen Juden_Jüdinnen und Gojim. Nicht umsonst weisen Antisemitismus-Analysen immer wieder darauf hin, dass der Antisemitismus als Ideologie überhaupt keine Juden_Jüdinnen benötigt, um zu funktionieren.[20] Andererseits ist auch Gojnormativität mehr als das Verhältnis zwischen Juden_Jüdinnen und Gojim, denn als Ausdruck hierarchischer Machtverhältnisse spiegeln sich darin immer die gesellschaftlichen Verhältnisse in ihrer Gänze. Auch Gojnormativität hat mehr mit imaginären als mit echten Juden_Jüdinnen und ihren Lebensrealitäten zu tun.

Gojnormativität ist als Aspekt gesellschaftlicher Macht- und Herrschaftsverhältnisse ein Produkt einer an sich antisemitisch verfassten Gesellschaft. Der Unterschied liegt in der Funktion und Zielsetzung der Begriffe: Antisemitismus beschreibt ein Herrschaftsverhältnis, das sich als Welterklärungsmodell sowie als eine Form von Diskriminierung, Unterdrückung, Gewalt bis hin zum Genozid äußert, die sich gegen Juden_Jüdinnen und alles als jüdisch Imaginierte richtet. Gojnormativität ist der – oftmals schwer zu greifende – antisemitische Normalzustand, der diese Unterdrückung aufrechterhält, indem er Normierungen und Naturalisierungen produziert.

20 Zum Weiterlesen zum Thema struktureller Antisemitismus siehe: Postone, Moishe, »Antisemitismus und Nationalsozialismus«, in: Ders. (Hg.), *Deutschland, die Linke und der Holocaust. Politische Interventionen*, Freiburg 2005, S. 165–194.

4. JÜDISCHSEIN UND ANTISEMITISMUS IN INTERSEKTIONALITÄTSDEBATTEN

Im Kapitel »Jude und Goj« wurde das Problem angerissen, dass Antisemitismus in Intersektionalitätsdebatten häufig aus der Analyse von Herrschaftsverhältnissen ausgeklammert wird. Das hat schwerwiegende Folgen, denn es führt dazu, dass Juden_Jüdinnen aus dem Kreis der Unterdrückten und Diskriminierten ausgeschlossen werden. Stattdessen werden Juden_Jüdinnen oft auf Seite der *Weißen* und damit der Privilegierten verortet. In diesem Kapitel möchten wir die Frage diskutieren, ob Juden_Jüdinnen *weiß* sind beziehungsweise was es bedeutet, Juden_Jüdinnen als *weiß* zu kategorisieren. Weil sich Antisemitismus nur schwer mit den gängigen Begriffen intersektionaler Debatten fassen lässt, wird mitunter versucht, ihn als Unterkategorie von Rassismus zu definieren. Um zu verstehen, warum das problematisch ist und welche Verkürzungen es mit sich bringt, sehen wir uns das Verhältnis von Rassismus und Antisemitismus näher an.

In der Auseinandersetzung mit dem (fehlenden) Platz für Juden_Jüdinnen in intersektionalen politischen Diskussionen und Räumen verfolgen wir ein solidarisches Anliegen, das sowohl Rassismus als auch Antisemitismus als Herrschaftsverhältnisse ernst nimmt und keine Konkurrenzdynamiken reproduzieren möchte. Wenn wir versuchen, gojnormative Leerstellen und Kurzschlüsse aufzuzeigen, dann tun wir dies, um eine bessere Sprache und eine treffendere Analyse für eine Reihe miteinander verbundener jüdischer Diskriminierungserfahrungen zu entwickeln. Gleichzeitig sind wir davon überzeugt, dass erst durch das Erkennen und Anerkennen antisemitischer Verhältnisse und ihrer gojnormativen Mechanismen in ihrer Verschränkung mit anderen Macht- und Herrschaftsverhältnissen belastbare und beständige solidarische Bündnisse entstehen können. Dass in diesem Kapitel Rassismus und *weiße* Vorherrschaft im Fokus stehen – neben Antisemitismus und Gojnormativität – impliziert keine Hierarchisierung von Herrschaftsverhältnissen, es ergibt sich vielmehr aus den Diskursen und Problematiken, mit denen wir uns beschäftigen.

An dieser Stelle soll noch betont werden, dass es uns im Folgenden um eine Auseinandersetzung mit aktivistischen Debatten geht. Oft werden in der Kritik von Intersektionalität grobe Vereinfachungen und Vereinheitlichungen vorgenommen, die dem Feld der Intersektionalitätsforschung überhaupt nicht gerecht werden. Es geht uns nicht darum, intersektionale Analysen als unnötig oder problematisch zu verwerfen, sondern im Gegenteil, sie auch für die Bekämpfung von Antisemitismus nutzbar zu machen. Wir greifen dafür einige Themen und Diskurse auf, so wie wir sie aktuell in aktivistischen Kontexten, in denen wir uns selbst bewegen, wahrnehmen, erheben aber keinen Anspruch, das Feld der Intersektionalitätstheorie in seiner Komplexität abzubilden.

Critical Whiteness

Rassismuskritische Wissenschaftler_innen und Aktivist_innen haben zahlreiche Arbeiten vorgelegt, die Rassismus weniger als eine Ansammlung von Vorurteilen[1] denn als Machtstruktur beschreiben, in der Subjekte hierarchisch unterschiedlich positioniert werden. Ebenso wird darin das Verhältnis von Weißsein und Privilegierung analysiert und beschrieben. Der Wechsel der Blickrichtung in Bezug auf Rassismus, sich also auch die im System Rassismus Privilegierten anzuschauen, ist maßgeblich dem Critical Whiteness-Ansatz zu verdanken. Hier geht es weniger darum, über die Betroffenen von Rassismus zu sprechen und zu schreiben, auch wenn es selbstverständlich wichtig und unabdingbar ist, ihre Erfahrungen, Lebenswelten, Widerstandsstrategien etc. hörbar zu machen, sondern vielmehr darum, Rassismus als System zu verstehen, bei dem es kein Außen gibt. Rassismus ist nicht nur etwas, was die Betroffenen von Rassismus etwas angeht, sondern alle Menschen. Damit werden *Weiße* als vom und im System Rassismus Privilegierte in den Blick genommen und zur Verantwortung gezogen.

Dieser Wechsel der Blickrichtung macht es möglich zu erfassen, dass *allen* Menschen im jeweiligen Herrschaftsverhältnis eine Position zuge-

1 Zur Kritik am Vorurteilsbegriff siehe Kalpaka, Annita, »Stolpersteine und Edelsteine in der interkulturellen und antirassistischen Bildungsarbeit«, in: Stender, Wolfgang / Rohde, Georg / Weber, Thomas (Hg.), *Interkulturelle und antirassistische Bildungsarbeit*. Frankfurt a. M. 2003, S. 56–79.

wiesen wird und sowohl die in diesem Herrschaftssystem Unterdrückten als auch die davon Privilegierten sowie ihr Verhältnis zueinander in die Analyse einzubeziehen. Auch die Privilegierten müssen sich den gesellschaftlichen Normen anpassen und werden dementsprechend von den Normen zugerichtet, dennoch sind die Ressourcen und Möglichkeiten extrem ungleich verteilt. Wie wir bereits in den vorangehenden Kapiteln unter anderem anhand von Heteronormativität gezeigt haben, ist diese Umkehrung der Blickrichtung, diese Thematisierung der Norm *als* Norm, zentrales Element verschiedener auf die Analyse von Macht- und Herrschaftsstrukturen fokussierter Ansätze.

Dabei ist es wichtig zu betonen, dass die Beforschung der dominanten Position im Machtverhältnis kein Selbstzweck sein kann und darf. Peggy Piesche betont, dass kritisches Weißsein überall dort praktiziert werde, wo Schwarze Menschen sich vernetzten und widerständiges Wissen über *Weiße* und das Herrschaftsverhältnis Rassismus aufbauten:

> Kritisches Weißsein [...] ist [...] für Schwarze Menschen eine Überlebensstrategie. Für sie war es immer schon wichtig, vor allem durch das Kollektiv ein Archiv von Wissen aufzubauen und weiterzugeben. Und damit auch für nachfolgende Generationen die Möglichkeit zu schaffen, zu leben und zu überleben.[2]

Die Analyse von Weißsein, von *weißen* Normen und Privilegien, muss also immer explizit parteiisch bleiben, indem sie Weißsein (etwa in Form von kulturellen Praktiken) nicht als beliebigen interessanten Gegenstand betrachtet, sondern immer als die machtvolle Position im Gefüge der rassistisch strukturierten Gesellschaft in den Blick nimmt und kritisiert. Denn die Setzung und Aufrechterhaltung der *weißen* Norm dient der Legitimierung von White Supremacy (*weißer* Vorherrschaft) und rassistischer Ausbeutung.

Die Begriffe Schwarz, People of Color bzw. BIPoC und *weiß* bezeichnen in dieser Herangehensweise keine Hautfarben, sondern sind politi-

2 Siegenthaler, Rafaela, »›Kritisches Weißsein ist eine Überlebensstrategie‹. Interview mit Peggy Piesche«, in: *Migrazine* 2013, H. 2. Online abrufbar unter: migrazine.at/artikel/kritisches-wei-sein-ist-eine-berlebensstrategie [letzter Zugriff: 20.01.2021].

sche Begriffe, die gesellschaftliche Positionen in Bezug auf Rassismus fassen sollen. Während Schwarz und People of Color Selbstbezeichnungen von Menschen sind, die Rassismus erfahren, ist *weiß* der Begriff für Menschen, die keinen Rassismus erfahren, die in Bezug auf Rassismus privilegiert sind und (gewollt oder ungewollt, bewusst oder unbewusst) von rassistischen Strukturen profitieren. In der Großschreibung von Schwarz und der Kursivsetzung von *weiß* wird sowohl betont, dass es sich bei diesen Kategorien um gesellschaftliche Konstruktionen handelt, als auch eine Unterscheidung zwischen dem in »Schwarz« eingeschriebenen Widerstandspotenzial und der hegemonialen *weißen* Position präsent gehalten.[3] Dieser Schreibweise, die sich im deutschsprachigen rassismuskritischen Diskurs inzwischen etabliert hat, folgen wir.

Wie bereits erwähnt, gibt es für das Herrschaftsverhältnis Antisemitismus bisher keine solchen Instrumente, um Antisemitismus auch als relationales Verhältnis zwischen Juden_Jüdinnen und Gojim begrifflich und damit analytisch fassen zu können. Um uns der Frage zu nähern, wie ein solches Analyseinstrument – eine solche Gojnormativitätskritik – konkret angelegt sein könnte, müssen wir uns zuerst genauer der Positionierung von Juden_Jüdinnen in der Analyse des Herrschaftsverhältnisses Rassismus zuwenden.

Auch Juden_Jüdinnen können von Rassismus betroffen sein

Wenn Weißsein keine Frage der Hautfarbe ist, sondern eine Frage der gesellschaftlichen Positionierung im Verhältnis von Privilegierung und Diskriminierung, dann stellt sich die Frage, welche Position Juden_Jüdinnen in der Achse *weiß*/nicht-*weiß* einnehmen. Diese Debatte wird mitunter heftig und kontrovers geführt, vor allem in den USA, wo Juden_Jüdinnen oft ungebrochen als *weiß* und damit als privilegiert eingestuft werden. Diese Einordnung bringt eine ganze Reihe von Problemen mit sich.

3 Eggers, Maureen Maisha / Kilomba, Grada / Piesche, Peggy / Arndt, Susan, »Konzeptionelle Überlegungen«, in: Dies. (Hg.), *Mythen, Masken und Subjekte*, S. 11–13, hier S. 13.

Zunächst einmal: Nicht alle Juden_Jüdinnen sind *weiß*. Es gibt Schwarze Juden_Jüdinnen und Juden_Jüdinnen of Color. Wenn Juden_Jüdinnen stets als *weiß* imaginiert werden, macht das Schwarze Juden_Jüdinnen und Juden_Jüdinnen of Color sowie ihre Erfahrungen und Lebensrealitäten unsichtbar.

Für Deutschland kommt hinzu, dass 90 % der hier lebenden Juden_Jüdinnen nach 1990 aus der ehemaligen Sowjetunion nach Deutschland migriert sind. Auch wenn sie über die sogenannte »Kontingentflüchtlingsregelung« bestimmte Vorteile gegenüber anderen Geflüchteten hatten, waren sie doch ähnlichen Hürden ausgesetzt wie andere Migrant_innen auch. Nicht anerkannte Ausbildungsabschlüsse machten die Arbeitssuche schwer, das Wohnen in Sammelunterkünften behinderte ein selbstbestimmtes Leben. Folgen sind Deklassierung, Dauerarbeitslosigkeit, prekäre Beschäftigungen, gesellschaftliche Isolation. Hinzu kamen und kommen zahlreiche Erfahrungen von Alltagsrassismus inner- und außerhalb der jüdischen Gemeinden. Mehr als die Hälfte der Mitglieder jüdischer Gemeinden lebt bereits oder wird in Altersarmut leben, weil ihre Abschlüsse nicht anerkannt wurden und sie keine oder kaum Rentenansprüche in Deutschland sammeln konnten. Dies sind Lebenswirklichkeiten von Juden_Jüdinnen in Deutschland, die vielen überhaupt nicht bewusst sind und wo (auch in der Intersektion mit anderen Herrschaftsverhältnissen) nicht von jüdischer Privilegierung gesprochen werden kann.[4]

Ob Russ_innen und andere Osteuropäer_innen Rassismus in Deutschland erfahren, ist eine kontrovers geführte Debatte. Vor allem in aktivistischen Zusammenhängen werden Osteuropäer_innen unserer Erfahrung nach häufig als *weiß* gelabelt. Vor dem Hintergrund einer brutalen Geschichte des Anti-Slawismus seit dem Kaiserreich, dem deutschen

4 Zum Weiterlesen empfehlen wir: Zingher, Erica, »Jüdische Kontingentflüchtlinge. Was wächst auf Beton?«, in: *taz*, 22.11.2020. Online abrufbar unter: taz.de/Juedische-Kontingentfluechtlinge/!5727852 [letzter Zugriff: 20.01.2021] sowie: Bernstein, Julia, »Man hat Juden erwartet und es sind Menschen gekommen«, in: Bundeszentrale für politische Bildung (Hg.), *Jüdisches Leben in Deutschland. Vergangenheit und Gegenwart*, Bonn 2021. Online abrufbar unter: www.bpb.de/geschichte/zeitgeschichte/juedisches leben/331911/russischsprachige-juedische-zuwanderung-ab-1990 [letzter Zugriff: 11.05.2021].

Expansionsstreben Richtung Osteuropa und der rassenideologischen Konstruktion von Slaw_innen als »Untermenschen« und als »minderwertiges Volk« mit dem Ziel der ökonomischen Ausbeutung durch Zwangsarbeit und der Vernichtung (z. B. durch Massenmorde der Wehrmacht oder Verschleppung in Konzentrationslager) im Nationalsozialismus gestaltet sich die Situation deutlich komplexer.[5] Mörderischer Höhepunkt war der Vernichtungsfeldzug der deutschen Wehrmacht im Nationalsozialismus mit Millionen von (auch zivilen) Opfern u.a. in Polen und Russland. Seit 1945 versteckt sich Anti-Slawismus häufig unter dem Deckmantel des Anti-Kommunismus. Eine Zuspitzung ließ sich im Zusammenhang mit dem Kalten Krieg beobachten, aber auch heute sind diese Formen des Rassismus nach wie vor präsent und wirksam. Immer noch gibt es abwertende Blicke nach und auf Osteuropa und rassistische Zuschreibungen gegenüber als Osteuropäer_innen konstruierten Menschen. Das historisch bedingte Armuts- und Reichtums- sowie Machtgefälle zwischen Ost- und Westeuropa produziert ein Ausbeutungsverhältnis, das z. B. in den katastrophalen Arbeitsbedingungen in der Pflege, der Landwirtschaft und der Fleischindustrie deutlich zutage tritt und zu globalen Phänomenen wie der Global Care Chain beiträgt.

Zugleich gilt für viele Menschen aus Osteuropa, dass sie unter bestimmten Umständen (wenn sie z. B. akzentfreies Deutsch sprechen und einen Namen haben, der als deutsch wahrgenommen wird) als *weiß* durchgehen und *weiße* Privilegien haben können. Sie erleben also oftmals andere Formen von Rassismus als Schwarze Menschen und sind im Alltag weniger markiert. Aufgrund der Geschichte und des rassistischen Blicks, der auf Menschen aus Osteuropa geworfen wird, würden wir dennoch sagen, dass Osteuropäer_innen in Deutschland Rassismus erleben, auch wenn die Intensitäten, Ausprägungen und Erfahrungswelten differenziert werden müssen. Juden_Jüdinnen aus der ehemaligen Sowjetunion erleben in diesem Sinn in Deutschland häufig Antisemitismus *und* Rassismus. Während sie mit Antisemitismus von Seiten der gojischen Mehrheitsbevölkerung und in ehemals sowjetischen gojischen

5 Terkessidis, Mark, *Wessen Erinnerung zählt? Koloniale Vergangenheit und Rassismus heute*, Hamburg 2019.

bzw. gemischten Communitys konfrontiert sind, erfahren sie Rassismus ebenfalls von Seiten der gojischen Mehrheit, aber zum Teil auch in den jüdischen Communities selbst.[6]

USA und Europa: Unterschiedliche historische Kontexte

Ein weiterer Aspekt, der häufig zu Verkürzungen in der Debatte rund um das Weißsein von Juden_Jüdinnen führt, ist die Frage des Kontextes. Viele der Diskurse rund um Privilegierung/Diskriminierung kommen aus US-amerikanischen Debatten und wurden in Deutschland und Österreich eingeführt, ohne die Konzepte auf die historischen und gesellschaftlichen Gegebenheiten anzupassen. Die Geschichte von Rassismus und Antisemitismus ist in den USA jedoch eine andere als in Europa bzw. in Deutschland und Österreich. Auch die gesellschaftlichen Verhältnisse unterscheiden sich in mancher Hinsicht stark, sei es in Bezug auf gesetzliche Regelungen und daraus folgenden Rechten, wie in Bezug auf Staatsbürger_innenschaft und Einwanderung, oder sei es hinsichtlich der bis in die Gegenwart wirkenden Geschichten von Kolonialismus und Nationalsozialismus.

Der US-Zentrismus von politischen Diskursen ist etwas, das auch aus Sicht antirassistischer Politik und Wissensproduktion in Deutschland seit langem kritisiert wird.[7] In »Mythen, Masken und Subjekte«, das als Stan-

6 Zu Spannungen und Herausforderungen in jüdischen Communities siehe: Plessentin, Ulf, »Zuwanderung und Selbstfindung: die jüdischen Gemeinden im wiedervereinten Deutschland« [Interview mit Stella Shcherbatova], in: Heinrich Böll Stiftung (Hg.), *Dossier Religiöse Vielfalt und Integration*, Berlin 2008. Online abrufbar unter: heimatkunde.boell.de/de/2013/11/18/zuwanderung-und-selbstfindung-die-j%C3%BCdischen-gemeinden-im-wiedervereinten-deutschland [letzter Zugriff: 27.04.2021].

7 Für eine detaillierte Auseinandersetzung mit den Verkürzungen und Auslassungen, die bei der Analyse von rassistischen Herrschaftsverhältnissen durch einen US-zentrischen Blick entstehen, siehe: Salem, Sara / Thompson, Vanessa, »Old racisms, New masks. On the Continuing Discontinuities of Racism and the Erasure of Race in European Contexts«, in: *nineteen sixty nine* 3 (2016), H. 1. Online abrufbar unter: escholarship.org/uc/item/98p8q169 [letzter Zugriff: 20.04.2021].

dardwerk der deutschen Kritischen Weißseinsforschung gilt, argumentieren die Herausgeberinnen vehement für die Wahl deutschsprachiger Begrifflichkeiten. Sie begründen es damit, dass die Kritische Weißseinsforschung nur dadurch »in bestehenden historischen Zusammenhängen, die den diskursiven Bogen zwischen Antisemitismus und Rassismus, Kolonialismus und Nationalsozialismus, Transatlantischem Sklavenhandel, kolonialem Genozid und Shoa« spannen, verortet werden könne.[8] Aktuell wird eine solche Kritik immer wieder artikuliert, wenn zum Beispiel statt Schwarzer deutscher Expert_innen lieber Schwarze Expert_innen aus den USA in deutschsprachige Talkshows u. ä. eingeladen werden.[9] Joshua Kwesi Aikins betont, dass in der Kritik an Critical Whiteness oft die Geschichte Schwarzer Theorieproduktion in Deutschland übersehen wird:

> Die analytische Perspektive, nicht nur diejenigen in den Blick zu nehmen, die von Rassismus negativ betroffen sind, sondern auch die, die davon profitieren, hat eine lange Geschichte. Die Darstellung [...] verkennt diese Geschichte, sie verkennt schwarze Theorieproduktion in Deutschland, wie sie etwa May Ayim oder Katharina Oguntoye repräsentieren.[10]

Für uns ist es deswegen wichtig zu betonen, dass wir nicht pauschal den Critical Whiteness-Ansatz als US-zentrisches Konzept kritisieren, wie es in Teilen der deutschen Linken mitunter praktiziert wird. Wir plädieren lediglich dafür, historische und gesellschaftliche Kontexte genauer anzusehen und auf dieser Grundlage Konzepte und Theorien auszudifferenzieren und komplexer zu machen. Konzepte müssen an hiesige Verhält-

8 Eggers/Kilomba/Piesche/Arndt, »Konzeptionelle Überlegungen«, S. 12.

9 Wie z. B. bei »Maischberger« im Juni 2020. Siehe dazu: Luck, Jana / Männer, Stella, »›Weiße Deutsche machen zu, sobald das Wort Rassismus fällt‹. [Interview mit Céline Barry und Priscilla Layne]«, in: *Zeit Campus*, 06.06.2020. Online abrufbar unter: www.zeit.de/campus/2020-06/rassismusdebatten-deutschland-usa-talkshows-priscilla-layne-celine-barry?utm_referrer=https%3A%2F%2Fduckduckgo.com%2F [letzter Zugriff: 14.04.2021].

10 Tsianos, Vassilis / Karakayalı, Juliane / Otoo, Sharon Dodua / Aikins, Joshua Kwesi / Karakayalı, Serhat, »Dimensionen der Differenz. Ein Gespräch über Critical Whiteness und antirassistische Politik«, in: *analyse & kritik, Sonderbeilage Critical Whiteness*, Herbst 2013, S. 11–17, hier S. 11.

nisse angepasst werden, wenn sie im Rahmen anderer Konstellationen entwickelt wurden. So schreibt Sina Arnold:

> Paradigmen aus der aktuellen Rassismusforschung, insbesondere *critical whiteness*, haben eine neue Perspektive in diese eingebracht. Doch die damit verbundenen Schwierigkeiten rühren unter anderem aus der Unmöglichkeit der direkten Theorieübertragung auf deutsche Verhältnisse: Die ›color line‹ in Deutschland verlief, anders als in den USA, nie primär zwischen ›Schwarz‹ und ›Weiß‹, sondern zeitweise vor allem zwischen ›Arisch‹ und ›Nicht-arisch‹. Um Rassismus in Deutschland zu verstehen muss der Antisemitismus verstanden werden.[11]

Rom_nja, Sinti_zze und Juden_Jüdinnen wurden in Deutschland und Europa immer wieder zu »den Anderen im Inneren Europas« gemacht, um in Abgrenzung davon ein dominantes *weiß*-christliches »Wir« zu konstruieren und Ausbeutung, Unterdrückung sowie die kapitalistische Zurichtung zu legitimieren. Antisemitismus und Gadje-Rassismus dien(t)en in dieser Weise der Aufrechterhaltung dominanter Herrschaftsverhältnisse. Sie waren eng verwoben mit dem Rassismus der kolonialen Herrschaft, die europäische Länder in anderen Teilen der Welt ausübten, wie Anna Friedrich schreibt:

> Dieser Prozess findet zeitgleich zur fortschreitenden Kolonialisierung weiter Teile der Erde durch Europäer_innen statt. Die ausgebeuteten und versklavten Menschen in den Kolonien werden in dieser Zeit zu ›den Anderen außerhalb Europas‹ stilisiert. Diese Bilder über die »Fremden im Inneren und außerhalb Europas« bilden die Folie für die Konstitution eines weißen, christlichen, modernen europäischen Selbst.[12]

Juden_Jüdinnen gelten als das Nicht-Nationale genauso wie Rom_nja und Sinti_zze. Dabei verkörpern Juden_Jüdinnen alles Moderne bzw.

11 Arnold, »›Which side are you on?‹«, S. 200.
12 Friedrich, Anna, »Wir sind alle Mediatoren! Strategien gegen Antiziganismus bei IQ Roma Servis (Brno) und Amaro Foro (Berlin)«, Unveröffentlichte Masterarbeit 2014, Humboldt Universität zu Berlin, S. 22.

Hypermoderne und Rom_nja und Sinti_zze alles Vormoderne bzw. Archaische.[13]

Im Unterschied zu den USA ist (neben der bereits erwähnten europäischen Geschichte des Anti-Slawismus) zudem die Debatte um Deutschland als »Einwanderungsland« und die Geschichte der sogenannten Gastarbeiter_innen ein wesentlicher Bestandteil der Geschichte des Rassismus in (West-)Deutschland. Durch die BRD in den 1950ern angeworben mit dem Ziel, ihre Arbeitskraft auszubeuten, um sie dann wieder in die Herkunftsländer zu schicken, waren die Erfahrungen der »Gastarbeiter_innen« von isolierter Unterbringung, Segregation, Entrechtung, schlechten Arbeitsbedingungen und Alltagsrassismus geprägt. Die Migrant_innen sowie ihre Nachfahr_innen, mittlerweile z. T. in der dritten Generation in Deutschland lebend, werden immer noch nicht als selbstverständlicher Teil der Gesellschaft angesehen. Dieser Aspekt wird in den Debatten um Rassismus in Deutschland häufig vergessen und geht unter, wenn mit Konzepten und begrifflichen Instrumentarien gearbeitet wird, die vor dem Hintergrund anderer historischer und aktueller Konstellationen entwickelt wurden.[14] Die Geschichte der sogenannten Vertragsarbeiter_innen in der DDR sowie die Geschichte des Rassismus dort weist Ähnlichkeiten hinsichtlich Ausbeutung, Prekarisierung und Isolation auf, muss jedoch selbstverständlich in Bezug auf die historische Konstellation spezifisch untersucht werden.[15]

Die soeben skizzierten historischen Kontexte stehen in Zusammenhang mit dem Nationenverständnis, das im Unterschied zu den USA in Deutschland völkisch geprägt ist. Hierbei werden Nation und Volk gleichgesetzt, wobei Volk sich auf Blut bezieht. So offen würden das selbstver-

13 End, Markus, »Bilder und Sinnstruktur des Antiziganismus«, in: *Aus Politik und Zeitgeschichte*, H. 22–23 (2011), S. 15–21, hier S. 20 f.

14 Perinelli, Massimo, »Triggerwarnung! Critical Whiteness und das Ende antirassistischer Bewegung«, in: Berendsen, Eva / Cheema, Saba-Nur / Mendel, Meron (Hg.), *Trigger Warnung. Identitätspolitik zwischen Abwehr, Abschottung und Allianzen*, Berlin 2019, S. 77–90, hier S. 84 ff.

15 Siehe z. B. Poutrus, Patrice G., »Fremd im Bruderland. Vertragsarbeit und das Ende des Goldbroilers«, in: Lierke, Lydia / Perinelli, Massimo (Hg.), *Erinnern stören. Der Mauerfall aus migrantischer und jüdischer Perspektive*, Berlin 2020, S. 277–298.

ständlich die meisten Menschen nicht formulieren, allerdings gibt es auch heute noch zahlreiche Beispiele, die darauf verweisen, dass diese Gleichsetzung explizit oder implizit vorgenommen wird. Ein deutliches Indiz dafür ist das deutsche »Blutsrecht« (ius sanguinis), das im Wesentlichen die Staatsbürger_innenschaft immer noch am biologischen Prinzip der Abstammung festmacht – im Gegensatz zu den USA, wo zusätzlich auch ein »Bodenrecht« (ius soli) gilt, auf dessen Grundlage alle Menschen, die in den USA geboren werden, die Staatsbürger_innenschaft erhalten (sollten). Auch die nach wie vor verbreitete Vorstellung, dass Menschen in Deutschland nicht Schwarz und deutsch oder jüdisch und deutsch oder Sinti_zze und deutsch zugleich sein können, ist ein deutliches Anzeichen für die Beharrlichkeit eines völkischen Nationenverständnisses in Deutschland, wie wir bereits im Kapitel »Jude und Goj« erläutert haben.

Nicht zuletzt waren die USA im Gegensatz zu Deutschland nie der Ort der Vernichtung jüdischen Lebens. Die deutsche Gegenwart, wie auch die österreichische, ist durch und durch gekennzeichnet vom Nachwirken der NS-Geschichte. Astrid Messerschmidt bezeichnet die deutsche Gesellschaft deshalb als »postnationalsozialistisch«, in Anlehnung an den Begriff der Postkolonialität. Dabei steht das »post« nicht für die Überwindung der kolonialen bzw. nationalsozialistischen Ordnung, sondern erlaubt die Thematisierung von Kontinuitäten wie von Brüchen in all ihren Ambivalenzen.[16] Auf einige Aspekte der deutschen Erinnerungspolitik gehen wir in Kapitel 6 ein. An dieser Stelle halten wir fest: Für eine Analyse der deutschen Gegenwart darf nie außer Acht gelassen werden, dass Deutschland eine durch und durch postnationalsozialistisch strukturierte Gesellschaft ist,[17] und dass es für in Deutschland lebende Juden_Jüdinnen kaum jemals möglich ist, diesen Umstand zu vergessen.

Eine direkte Folge aus diesen unterschiedlichen historischen Konstellationen ist es, dass jüdisches Leben in den USA ein viel selbstverständlicherer Teil des Alltags und des öffentlichen Lebens ist. Juden_Jüdinnen sind an vielen Orten selbstverständlich als Juden_Jüdinnen sichtbar,

16 Messerschmidt, »Selbstbilder in der postnationalsozialistischen Gegenwart«, S. 39.
17 Das Gleiche gilt für Deutschland als postkoloniale Gesellschaft.

Feiertage werden auch in der gojischen Gesellschaft wahrgenommen, in jeder Durchschnittsdrogerie gibt es Karten zu eben jenen Anlässen zu kaufen, es gibt ein Sortiment an koscheren Lebensmitteln in Supermärkten, Repräsentation in der Popkultur etc. Ich weiß noch, als während eines Auslandsaufenthalts an einer Universität im Bundesstaat New York eine Studentin im Seminar völlig nebenbei von ihren Feierlichkeiten zu Rosch Haschana erzählte. Die anderen Student_innen wussten a) was Rosch Haschana war und b) schalteten sich ein bis zwei andere Personen ein, die ebenfalls Rosch Haschana gefeiert hatten, weil sie auch jüdisch waren. Kein betretenes Schweigen, kein Unwissen, keine negativen Reaktionen, es war einfach ein »normales« Gespräch. Ohne die Situation in den USA idealisieren zu wollen, dennoch: Ich war sehr überrascht, in Deutschland wäre eine solche Situation nicht möglich gewesen.

Die Frage, die sich aufdrängt, um über Privilegierung sprechen zu können, ist die Frage nach selbstverständlichem jüdischen Leben in Deutschland. Dass es dies nicht angst- und gewaltfrei gibt, müssen wir hier nicht weiter argumentieren. Ronen Steinkes bereits erwähnte Chronologie des Terrors gegen Juden_Jüdinnen in Deutschland seit 1945 macht dies eindrücklich sichtbar.[18] Vor Synagogen, Kindergärten, Schulen und anderen jüdischen Einrichtungen stehen Sicherheitskräfte und Polizei – vorausgesetzt, die zuständigen Behörden nehmen die konstante Bedrohungslage ernst. Dass das bei weitem nicht immer der Fall ist, hat der Anschlag an Jom Kippur 5780 (9. Oktober 2019) auf die Synagoge in Halle gezeigt. Trotz wiederholter Anfragen durch die jüdische Gemeinde wurde kein Polizeischutz gestellt und die Gefahr systematisch ignoriert. Die allgemein verbreitete Vorstellung, dass jüdisches Leben in Deutschland mit allen Mitteln geschützt werde, ist ein gefährlicher Mythos, der selbst auf antisemitischen Stereotypen beruht. Darauf gehen wir später näher ein.

18 Steinke, *Terror gegen Juden*, S. 149 ff.

Sind Juden_Jüdinnen *weiß*?

Für den deutschen Kontext stellt sich an dieser Stelle zugespitzt die Frage: Sind Juden_Jüdinnen *weiß*? Kann wirklich die Rede davon sein, dass Juden_Jüdinnen in Deutschland/Europa, selbst wenn sie *weiß* im Sinne der Hautfarbe sind, *weiß* im Sinne einer privilegierten Positionierung sind? Unsere Antwort auf diese Frage ist: Nein. In Anbetracht von Jahrtausenden währender Stigmatisierung, Verfolgung und Ermordung, deren Kulmination die Massenvernichtung während der Schoa war, kann nicht von einer privilegierten Position von Juden_Jüdinnen gesprochen werden. Die explizite Rassifizierung von Juden_Jüdinnen, die in der auf nationalsozialistische Rassetheorien gestützten Vernichtung tödliche Realität wurde, ist gerade mal 80 Jahre her, und auch heute erleben Juden_Jüdinnen Antisemitismus in vielfältiger Form. In der Wahnvorstellung von White Supremacy sind Juden_Jüdinnen das Gegenteil von *weiß*, wie die unzähligen antisemitischen Angriffe und Morde seit 1945 in Deutschland zeigen. Und auch in den USA ist die Selbstverständlichkeit und Sicherheit jüdischen Lebens in den letzten Jahren fragiler geworden. Die antisemitischen Übergriffe und Angriffe häufen sich, traurige Höhepunkte sind das Attentat auf die Tree of Life Synagogue in Pittsburgh im Oktober 2018 mit elf Toten, der Angriff auf einen koscheren Supermarkt in New Jersey im Dezember 2019 mit drei Toten oder die antisemitischen Bedrohungen während der »Unite the Right Rally« in Charlottesville im August 2017.[19]

Zugleich ist uns bewusst, dass viele Juden_Jüdinnen etwas anderes erleben als Schwarze Menschen oder People of Color. Daher kann die Antwort auch nicht sein, Juden_Jüdinnen als People of Color zu bezeichnen – es sei denn, sie sind Schwarz oder People of Color! Es zeigt sich also, dass wir hier mit dem Begriffspaar BIPoC – *weiß* nicht ausreichend weiterkommen. Auch Debora Antmann beschreibt das Gefühl, als Jüdin

19 Die Anti Defamation League (ADL) beklagt ein enormes Ansteigen von antisemitischen Übergriffen in den letzten Jahren. Online abrufbar unter: www.adl.org/what-we-do/anti-semitism/anti-semitism-in-the-us [letzter Zugriff: 24.01.2021].

in der Dichotomie von BIPoC und *weiß* keinen Ort zu haben, als ein »zwischen den Stühlen sein«.[20]

Vereinzelt finden sich Stimmen im deutschen Kontext, die Juden_Jüdinnen als People of Color kategorisieren. So definiert Ferda Ataman den Begriff PoC im Rahmen eines Spiegel-Artikels folgendermaßen:

> PoC sind alle, die als ›anders‹ wahrgenommen werden und damit nicht als ›weiß‹ (= deutsch, christlich, europäisch). Es geht dabei nicht um die Beschreibung von Hautfarben – auch hellhäutige Frauen mit Kopftuch oder Männer mit Kippa sind of Color und nicht weiß.[21]

Das Problem dabei ist, dass dieser Ansatz weder die Komplexitäten antisemitischer Diskriminierung abbilden kann – auch Juden_Jüdinnen ohne Kippa erleben Antisemitismus –, noch die Unterschiede zwischen oder die Gleichzeitigkeit rassistischer und antisemitischer Diskriminierung und Unterdrückung erfasst. Auf diese Punkte gehen wir im folgenden Kapitel noch einmal näher ein. Für den Moment halten wir fest: Es braucht andere Begriffe und Konzepte, es braucht einen begrifflichen und analytischen Ort, an dem Juden_Jüdinnen *als* Juden_Jüdinnen analytisch fassbar werden, in ihren Intersektionen zu anderen Identitätsaspekten und Herrschaftsverhältnissen.

Zum Verhältnis von Rassismus und Antisemitismus

Die Problematik der Verortung von Juden_Jüdinnen in verschränkten Herrschaftsverhältnissen lässt sich auch von einer anderen Seite betrach-

20 Antmann, Debora, »Zwischen den Stühlen«, in: *Missy Magazine*, 18.08.2020. Online abrufbar unter: missy-magazine.de/blog/2020/08/18/zwischen-den-stuehlen [letzter Zugriff: 24.01.2021].

21 Ataman, Ferda, »Derweil im Migrationshintergrund. Es brodelt in Kanakistan«, in: *Der Spiegel*, 28.11.2019. Online abrufbar unter: www.spiegel.de/kultur/gesellschaft/migrationshintergrund-es-brodelt-in-kanakistan-kolumne-a-1298544.html [letzter Zugriff: 20.01.2021].

ten. Denn worum es im Kern geht bei der Frage, ob Juden_Jüdinnen *weiß* sind, ist die Anerkennung der Unterdrückung, Diskriminierung und Gewalt, der Juden_Jüdinnen ausgesetzt sind, und die Suche nach Begriffen, mit denen dieses Unterdrückungsverhältnis analysiert werden kann. Dafür wenden wir uns dem Verhältnis von Rassismus und Antisemitismus zu.

Wir möchten an dieser Stelle nicht tief in die theoretische Debatte eintauchen und die ideologischen Versatzstücke von Rassismus und Antisemitismus auf Gemeinsamkeiten und Unterschiede prüfen. Dies kann an anderen Stellen nachgelesen werden.[22] Wir setzen uns vielmehr kritisch mit der Tendenz auseinander, Antisemitismus als eine Form von Rassismus zu fassen, also als eine Unterkategorie der Überkategorie Rassismus. Vor allem zeigen wir auf, welche Effekte eine solche Unterordnung von Antisemitismus unter Rassismus hätte und plädieren dafür, Antisemitismus als eigenständiges Herrschaftsverhältnis zu begreifen. Es geht an dieser Stelle nicht darum, spalterisch die Unterschiede zu betonen, Herrschaftsverhältnisse zu hierarchisieren, sie in Konkurrenz zueinander zu stellen, zu behaupten, es gäbe keine Gemeinsamkeiten zwischen Rassismus und Antisemitismus oder gar beide Phänomene gegeneinander auszuspielen.

Für das Verständnis von Antisemitismus als eine Form von Rassismus würde sprechen, dass es durchaus ideologische Schnittmengen gibt wie Homogenisierung, Konstruktionen von Selbst- und Fremdgruppen, Hierarchisierungen und damit zusammenhängende Vorstellungen unterschiedlicher Wertigkeit von Menschen. Der rassistisch-biologistische Antisemitismus, der mit der Entstehung von Rasseideologien (mit vermeintlich biologischen Grundlagen) im späten 18. Jahrhundert Aufschwung erhielt, ist ein wesentlicher Bestandteil des Antisemitismus und führte in seinen eliminatorischen Zügen zum Genozid an Juden_Jüdin-

22 Z. B. im Magazin »Lernen aus der Geschichte«: Agentur für Bildung – Geschichte, Politik, Medien e.V., »Das Verhältnis zwischen Antisemitismus und Rassismus«, in *LaG-Magazin* 2019. Online abrufbar unter: lernen-aus-der-geschichte.de/sites/default/files/attach/lag_mag_november_antisemitismus_rassismus.pdf [letzter Zugriff: 29.01.2021]. Oder: Arnold, »›Which side are you on?‹«.

nen während der Schoa. Rassistische Elemente sind wesentlicher Bestandteil von Antisemitismus. Es könnte auch argumentiert werden, dass ein gemeinsamer Begriff – Rassismus – hilfreich ist für den vereinten Kampf gegen verschiedene Formen von Rassifizierung. Antisemitismus erschöpft sich jedoch nicht in seinen rassistischen Elementen, und die verschiedenen Dimensionen jenseits des rassistischen Antisemitismus, die wichtige Elemente des modernen Antisemitismus ausmachen, werden bei der konzeptionellen Verquickung unsichtbar.

Lange Zeit wurde als das Hauptspezifikum des Antisemitismus genannt, dass Juden_Jüdinnen gleichzeitig abgewertet und als übermächtige Bedrohung konstruiert werden. Einige Wissenschaftler_innen haben darauf hingewiesen, dass diese Dynamik auch bei antimuslimischem Rassismus in seiner Form seit 9/11 zu beobachten ist.[23] Das ändert jedoch nichts daran, dass die Idee der vermeintlichen jüdischen Übermacht nach wie vor sehr präsent ist, wie es das riesige Spektrum von Verschwörungsideologien zeigt. Diese rekurrieren implizit oder explizit auf antisemitische Denkmuster. Zumeist weisen sie zusätzlich einen antisemitischen Kern auf und aktualisieren alte antisemitische Versatzstücke: »Finanzelite«, »Heuschrecken«, »Kraken«, »Kindermörder«, »Blutopfer« – um nur die gängigsten antisemitischen Bilder zu nennen. Die schnelle Aktualisierbarkeit und die nicht zu unterschätzende Gefahr von Verschwörungsideologien mit antisemitischem Kern zeigte sich deutlich an den Protesten gegen die Einschränkungen während der Corona-Pandemie, wo beispielsweise Portraits von Anne Frank getragen wurden oder Impfgegner_innen sich gelbe Sterne mit dem Begriff »Ungeimpft« anhefteten. Die Ausbreitung des Virus oder seine Bekämpfung wird einer nebulösen Elite, Israel oder direkt »den Juden« zugeschrieben, demgegenüber sich die Protestierenden als »die Juden von heute« – also als die Opfer – inszenieren, und damit auf unerträgliche Weise die Schoa bagatellisieren und instrumentalisieren.[24] Auch das Narrativ einer

23 Keskinkılıç, Ozan Zakariya, »Antimuslimischer Rassismus. Merkel und ›die Gefahr der Selbstislamisierung‹«, in: *Qantara.de*, 12.11.2019. Online abrufbar unter: de.qantara.de/node/37978 [letzter Zugriff: 19.04.2021].

24 Die offensichtliche Widersprüchlichkeit, Juden_Jüdinnen gleichzeitig als übermäch-

»Impflobby« mit finsteren Absichten ist eine zumindest strukturell antisemitische Verschwörungserzählung.

Dieses riesige Spektrum an Verschwörungsideologien mit seinen Vertreter_innen aus allen gesellschaftlichen Schichten ist ein Kernelement des modernen Antisemitismus sowie des christlichen Anti-Judaismus und unterscheidet sich deutlich von verschiedenen Formen des Rassismus. Zwar enthalten Verschwörungsideologien auch rassistische Versatzstücke – im Herrschaftsverhältnis Antisemitismus sind Verschwörungserzählungen und ihre Mechanismen jedoch zentral, sodass bei einer Einordnung von Antisemitismus unter das Konzept des Rassismus wichtige Aspekte unsichtbar würden.

Eine weitere wichtige Dimension des modernen Antisemitismus, die aktuell durch alle gesellschaftlichen Bereiche hinweg hohe Zustimmungswerte bekommt, ist der israelbezogene Antisemitismus. Hierbei werden alte antisemitische Bilder und Stereotype mit dem Staat Israel verknüpft. Auch diese Dimension des Antisemitismus wird durch eine Fassung unter Rassismus unsichtbar, ebenso wie der sogenannte Post-Schoa-Antisemitismus, auch Sekundärer Antisemitismus oder Schuldabwehr-Antisemitismus genannt. Mit diesen Begriffen ist der Antisemitismus nach 1945 gemeint, der sich in Relativierung oder Leugnung der Schoa, Schuld- und Erinnerungsabwehr, Schlussstrichdebatten oder einer Täter_innen-Opfer-Umkehr äußert.[25]

Es sollte deutlich geworden sein, dass die Erscheinungs- und Funktionsweisen jenseits des rassistischen Antisemitismus, der aber nur eine Dimension des Antisemitismus darstellt, mit dem Rassismusbegriff nicht erfasst werden können. Da es uns mit diesem Buch auch und vor allem um die Sichtbarmachung der Betroffenen von Antisemitismus geht, ist unserer Ansicht nach das wichtigste Argument, das gegen eine

tige Elite und prototypische Opfer zu imaginieren, ist typisch für die logischen Inkohärenzen von Verschwörungserzählungen. Auf den zweiten Blick betrachtet, wird hier jedoch im Sinn einer Täter_innen-Opfer-Umkehr eigentlich der Platz des Opfers beansprucht und damit die Phantasie der jüdischen Übermacht bestätigt.

25 Vgl. u. a. Salzborn, Samuel, *Kollektive Unschuld. Die Abwehr der Shoah im deutschen Erinnern*, Berlin/Leipzig 2020.

Unterordnung von Antisemitismus unter Rassismus spricht, der Effekt, dass die konkret Betroffenen – Juden_Jüdinnen – unsichtbar (gemacht) werden. Wenn über Rassismus und die von Rassismus Betroffenen gesprochen wird, erscheinen Juden_Jüdinnen nicht als Subjekte oder als Betroffene – zumindest nicht *als Juden_Jüdinnen*.[26] Antisemitismus als eine Form von Rassismus zu fassen, führt also nicht nur zu einer Unsichtbarmachung weiter Teile antisemitischer Ideologie, sondern im Endeffekt auch zu einer Unsichtbarmachung ihrer Opfer/Betroffenen. Obendrein ist nicht nachvollziehbar, warum wir einen etablierten Begriff, der ein konkretes Unterdrückungsverhältnis beschreibt, nicht verwenden sollten. Dass es an manchen Stellen des linken Diskurses Widerstände dagegen gibt, könnte eher mit der Abwehr der Auseinandersetzung mit Antisemitismus in Zusammenhang stehen. Mit solchen Widerständen und Abwehrstrategien beschäftigen wir uns in Kapitel 7.

Wenn wir darauf bestehen, Antisemitismus als eigenständiges Herrschaftsverhältnis zu begreifen und zu analysieren, meinen wir damit nicht, dass es keine Gemeinsamkeiten zwischen rassistischer und antisemitischer Unterdrückung gibt. Die Benennung der jeweils spezifischen Elemente und Strukturen steht einer Solidarisierung zwischen Betroffenen von Antisemitismus oder Rassismus unserer Ansicht nach nicht im Weg. Im Gegenteil, wir sind überzeugt, dass es eine Voraussetzung für Bündnisse ist, dass auch Differenzen und Konflikte benennbar gemacht werden. Die Auseinandersetzung mit der Geschichte feministischer Bündnispolitiken kann dafür nützliche Erkenntnisse liefern.

26 Es fehlt zudem, wie bereits ausgeführt, oft ein Verständnis dafür, dass sehr viele der Juden_Jüdinnen, die heute in Deutschland leben, auch von Rassismus betroffen sind.

Bündnisse zwischen Betroffenen von Rassismus und Antisemitismus

In Deutschland gab es Anfang der 1990er Jahre in der Frauenbewegung verschiedene Ansatzpunkte für Solidaritäten und Bündnisse zwischen jüdischen, Schwarzen und anderen von Rassismus betroffenen Frauen. Im kollektiven Gedächtnis der feministischen Bewegung sind in diesem Zusammenhang zwei Bündnistagungen besonders präsent, die im Juni 1990 in Bremen und im Oktober 1991 in Berlin stattfanden. Die Berliner Tagung, der »Zweite bundesweite Kongress von und für Immigrantinnen, Schwarze Deutsche, jüdische und im Exil lebende Frauen«, machte Jüdinnen explizit als Teil dieser Bündnisse sichtbar. Die Bündnistagungen erscheinen auf den ersten Blick wie eine für einen kurzen Moment realisierte bündnispolitische Utopie, auf die mit großer Sehnsucht zurückgeblickt wird: Wenn es einmal möglich war, dann ist es auch wieder denkbar. Diesen Wunsch und diese Hoffnung teilen wir. Allerdings denken wir, dass eine kritische Auseinandersetzung mit den auch bei diesen Bündnistagungen bereits klar zutage tretenden Konflikten eine bessere Grundlage für zukünftige Allianzen bilden würde als eine nostalgische Idealisierung. Denn die Zugehörigkeit von Jüdinnen zu diesen Bündnissen war von Beginn an umkämpft. So beschreibt die Tagungsdokumentation die Diskussion nach einem Vortrag von zwei Jüdinnen, Laura Radosh und Elaine Großmann, bei der ersten Tagung in Bremen als »sehr heftig und kontrovers«:

> Es entstanden zwei ›Gruppen‹. Eine war der Meinung, weiße jüdische Frauen wären ausschließlich als Weiße zu betrachten und daher keine Koalitionspartnerinnen für Schwarze und immigrierte Frauen, während die andere Gruppe die Meinung vertrat, Antisemitismus und Rassismus seien vor allem in Deutschland eng miteinander verknüpft, und deshalb sei es dringend notwendig, auch mit weißen jüdischen Frauen zusammenzuarbeiten.[27]

27 »Diskussion nach dem Vortrag von Laura und Elaine«, in: Ayim/Prasad, *Wege zu Bündnissen*, S. 31–33, hier S. 31.

Wir möchten einige Dinge positiv hervorheben: Dass die Dokumentation die Konflikte und die verschiedenen Positionen darin überhaupt beschreibt, ist sehr wichtig, denn es macht sie artikulierbar. Zudem wird die Reproduktion antisemitischer Bilder benannt und die fehlende Auseinandersetzung einiger Teilnehmerinnen mit Antisemitismus kritisiert.[28] Schließlich steht am Ende der Debatte eine klare Entscheidung für eine Weiterführung der Zusammenarbeit:

> Trotz heftiger Diskussionen ist es nicht gelungen, zu einer übereinstimmenden Meinung zu gelangen. Einige der Berliner Frauen, die den Folgekongreß vorbereiten wollten, stellten klar, daß für sie die Zusammenarbeit mit jüdischen Frauen sehr wichtig sei und kündigten an, den nächsten Kongreß auf jeden Fall mit jüdischen Frauen zu organisieren.[29]

Die Zusammenarbeit wurde also fortgeführt, wenn nicht gar intensiviert. Dennoch ist die Art und Weise, wie hier darüber verhandelt wird, ob Jüdinnen mitmachen dürfen, höchst problematisch – und zugleich sehr typisch. Denn es findet kein Gespräch auf Augenhöhe statt über Möglichkeiten, Wünsche, Bedürfnisse, Hindernisse und Schwierigkeiten in der und an die Zusammenarbeit. Stattdessen verhandeln gojische Frauen, ob jüdische Frauen sich als Bündnispartnerinnen qualifizieren. Juden_Jüdinnen werden in solchen Diskussionen von vornherein als privilegiert – oder zumindest privilegiert*er* – eingestuft, und geraten in die unmögliche Position, ihre Diskriminierung beweisen zu müssen, ohne dabei gleichzeitig Unterschiede zwischen verschiedenen Diskriminierungsformen zu negieren. Ihre Zugehörigkeit zu solchen Bündnissen bleibt somit prekär.

Dieser Eindruck spiegelt sich wider in Texten, die jüdische Beteiligte später verfassten. Cathy Gelbin beschreibt die Bündnistagungen als »auf breiter Ebene gescheiterte politische Koalition von jüdischen Frauen mit Schwarzen und migrierten Feministinnen«.[30] Sie nennt zwei Aspekte,

28 Ebd., S. 33.
29 Ebd.
30 Gelbin, Cathy S., »Die jüdische Thematik im (multi)kulturellen Diskurs der Bundesrepublik«, in: Gelbin, Cathy S. / Konuk, Kader / Piesche, Peggy (Hg.), *AufBrüche*.

die aus ihrer Sicht zentral waren für dieses Scheitern. Der erste betrifft die Kategorien, unter denen sich die Bündnisse formierten:

> Seit diesem Zeitpunkt [ab 1989/1990, Anm. d. Verf.] wurde die Identitätspolitik im antirassistischen und multikulturalistischen Kontext zunehmend vom Konzept des Schwarzseins als übergreifende Kategorie für alle ethnisch minorisierten Frauen bestimmt. Für die in der Mehrheit weißen jüdischen Feministinnen bedeutete dies entweder eine Ausgrenzung aus antirassistischen Zusammenhängen, oder aber eine spannungsgeladene Gratwanderung um Eigen- und Fremddefinition in eben jenem politischen Zusammenhang, in dem sie nun endlich einen Platz für sich gefunden zu haben glaubten.[31]

Der zweite Aspekt ist die fehlende Auseinandersetzung mit und Thematisierung von Antisemitismus. Besonders deutlich trat dies im Zuge des sogenannten Zweiten Golfkrieges (1990–1991) zutage[32] und zeigte sich in Form von israelbezogenem Antisemitismus.[33] Caterina Lazzarini beschreibt in der Dokumentation der Bündnistagungen die Auswirkungen dieses politischen Klimas auf die Arbeit innerhalb der Organisationsgruppe:

> Innerhalb unserer Treffen distanzierten wir uns von der mangelnden Solidarität mit jüdischen Frauen, die wir an anderer Stelle beobachteten, thematisierten jedoch nicht unsere eigenen Standpunkte innerhalb der Gruppe. Wenn die Jüdinnen unter uns ihre Bedenken äußerten, daß eine Diskussion um den Golfkrieg vielleicht unser Bündnis ins Wanken bringen könnte, beruhigten wir sie mit guten Worten, gingen darauf jedoch letztlich nicht ein.

Kulturelle Produktionen von Migrantinnen, Schwarzen und jüdischen Frauen in Deutschland, Königstein/Taunus 1999, S. 87–111, hier S. 88.

31 Ebd., S. 97.

32 Ebd., S. 98 f.

33 Lazzarini, Caterina, »(Selbst)kritische Überlegungen zur Vorbereitungsgruppe und zum Kongress ›Frauen unter Druck‹«, in: Ayim/Prasad, *Wege zu Bündnissen,* S. 110–112, hier S. 111; Siehe auch: Baader, Maria [heute: Ben], »Zum Abschied. Über den Versuch, als jüdische Feministin in der Berliner Frauenszene einen Platz zu finden«, in: Hügel/Lange/Ayim/Bubeck/Aktaş/Schultz, *Entfernte Verbindungen*, S. 82–94, hier S. 92; Benhavio, Stella, »Türkische Staatsbürgerin jüdischer Herkunft in Deutschland«, in: Hügel u. a., *Entfernte Verbindungen*, S. 61–81, hier S. 75 f.

> Wir diskutierten höchstens ansatzweise unsere Differenzen und Gemeinsamkeiten als jüdische und Schwarze deutsche Frauen, Immigrantinnen und im Exil lebende Frauen. […] Es herrschte unter uns eine Tendenz, politische und persönliche Konflikte zu vermeiden […].[34]

Warum die Bündnispolitik in dieser Form nicht weiter fortgeführt wurde, hat sicherlich eine Vielzahl von Gründen. Nivedita Prasad beschreibt in einem Interview im Rahmen des Oral History Projekts des feministischen Archivs FFBIZ eine generelle Erschöpfung, die mit geänderten Lebensbedingungen der meisten Aktivistinnen einherging.[35] Jihan Jasmin Dean weist darauf hin, dass auch gesamtgesellschaftliche Entwicklungen die Selbstorganisierung von Migrant_innen und das Eingehen von Bündnissen erschwerte. Als zentralen Aspekt nennt sie die Etablierung des Integrationsparadigmas ab Anfang der 1990er Jahre. Zudem weist sie darauf hin, dass die Brandanschläge in Mölln und Solingen und ihre Folgen die Bildung community-übergreifender Bündnisse eher erschwerten,[36] ebenso wie die massive Zunahme von antimuslimischem Rassismus nach dem 11. September 2001.[37]

Allerdings beschreiben Gelbin und Ben Baader, dass es zusätzlich zu diesen Aspekten, die die Bündnispolitik generell belasteten, speziell zu einem Rückzug von Juden_Jüdinnen aus bündnispolitischen Räumen kam und stattdessen zu einer stärkeren Hinwendung zu jüdischen Gruppen und Räumen.[38] Diese Entwicklungen spiegelten sich in gewisser Weise in der Tagung »Feminismen of Color« (FemoCo) wider, die im Jahr 2013 in Anknüpfung an diese Tradition einen erneuten Versuch eines Bündniskongresses startete. In der Einladung hieß es:

34 Lazzarini, »(Selbst)kritische Überlegungen«, S. 111.
35 Prasad, Nivedita, »Bündniskonferenzen in Bremen und Berlin, 1990, 1991 und 2013«, Ausschnitt aus Interview, in: *Berlin in Bewegung. Digitales Zeitzeuginnen-Projekt des FFBIZ Archivs*. Online abrufbar unter: berlin-in-bewegung.de/aktivist-innen/nivedita-prasad#&gid=1&pid=1 [letzter Zugriff: 22.03.2021].
36 Dean, »Verzwickte Verbindungen«, S. 119 f.
37 Ebd., S. 123.
38 Gelbin, »Die jüdische Thematik«, S. 99; Baader, »Zum Abschied«, S. 92 f.

> Eine Konferenz von und für uns. »Uns«, das sind alle Frauen, Trans* und Inter*, die sich als Schwarze, of Color, als jüdisch, als muslimisch, im Exil lebend, als Sinti und Roma oder als Migrant_in verstehen.[39]

Doch obwohl Juden_Jüdinnen explizit eingeladen waren und ich großes Interesse an einer Teilnahme hatte, traute ich mich nicht hinzugehen. Ich nahm die Tagung als einen Raum von und für People of Color wahr und konnte mir nicht vorstellen, dass meine Präsenz dort unproblematisch akzeptiert würde. Dabei schwankte ich zwischen der selbstkritischen Infragestellung meiner Berechtigung, diesen Raum als (auch) meinen zu beanspruchen, und der Angst, dass mir diese Berechtigung von den anderen Teilnehmer_innen abgesprochen werden könnte. Ich weiß nicht, wie es tatsächlich gewesen wäre, aber erinnere mich noch sehr deutlich daran, welche Anziehung die Tagung auf mich ausübte, während es mir unmöglich schien, tatsächlich teilzunehmen.

Das Nachdenken über die Geschichte der Bündnispolitiken zeigt deutlich auf, wie wenig neu die Erkenntnis ist, dass Juden_Jüdinnen in die bestehenden Kategorien nicht so gut hineinpassen, und welche Probleme daraus entstehen. Das Einfordern der Auseinandersetzung mit Antisemitismus trifft immer wieder auf Abwehr, die sich auch mittels antisemitischer Bilder äußert.

Juden_Jüdinnen wurden in linken Kontexten zunehmend auf der Seite der Privilegierten verortet. Es gibt verschiedene Thesen, ab wann diese Art der Ausgrenzung von Juden_Jüdinnen einsetzte. Weitgehende Einigung besteht darin, dass seit der Jahrtausendwende eine Zunahme insbesondere von israelbezogenem Antisemitismus zu verzeichnen ist, die in Zusammenhang gebracht wird mit den Anschlägen vom 11. September 2001 und mit dem Beginn der Zweiten Intifada im Jahr 2000. Bei der UN-Konferenz gegen Rassismus im Jahr 2001 in Durban wurde Israel in der Abschlusserklärung der NGO-Konferenz einseitig verurteilt

39 FemoCo 2013, »Gemeinsame Konferenz zu Feminismen of Color in Deutschland«, Facebook-Event. Online abrufbar unter: facebook.com/events/257429674382368 [letzter Zugriff: 23.3.2021].

und dämonisiert.[40] Die Erklärung gilt als Ausgangspunkt der BDS-Kampagne (Boycott, Divestments and Sanctions) gegen Israel.[41]

Darüber hinaus zeigt der Blick in die bündnispolitische Bewegungsgeschichte, dass israelbezogener Antisemitismus seit der Staatsgründung Israels immer präsent war. Durch bestimmte politische Ereignisse – den Zweiten Golfkrieg 1990–1991, den Beginn der Zweiten Intifada im Jahr 2000, den Gaza-Konflikt von 2014, um nur einige zu nennen – kamen antisemitische Reaktionsmuster an die Oberfläche. Insbesondere der Sechs-Tage-Krieg von 1967 war der Punkt, an dem Juden_Jüdinnen in der Wahrnehmung weiter Teile der Linken schlagartig von antikolonialen Widerstandskämpfer_innen zu Vertreter_innen der imperialistischen Weltmächte wurden.

Das wird oft als kausale Folge der israelischen Politik dargestellt, dabei wird jedoch übersehen – oder ausgeblendet –, wie sehr Israel als Projektionsfläche für antisemitische Ressentiments dient, was sich nicht zuletzt an den klassisch antisemitischen Bildern zeigt, die in der sogenannten »Israel-Kritik« immer wieder herangezogen werden.[42] Die Fixierung auf Israel als vermeintliches Zentrum der neo-imperialistischen globalen Herrschaft ist nicht nur faktisch absurd, sondern greift das verschwörungsideologische Phantasma der jüdischen Weltherrschaft auf und trägt damit selbst deutlich antisemitische Züge.

40 Arnold, Sina, »›Which side are you on?‹«, S. 192 f.

41 Zur BDS-Kampagne und ihrer Geschichte siehe z. B. Feuerherdt, Alex, »Zur Geschichte der BDS-Bewegung. Hintergründe, Initiatoren, Finanzierung«, in: Deutsch-Israelische Gesellschaft (Hg.), *Boykottbewegungen gegen Israel. Widerspruch mit Informationen und Argumenten*, Berlin 2016, S. 6–11. (Wobei wir kritisch anmerken wollen, dass wir es sehr wichtig finden, die Gewalt und den Schmerz der Nakba – der Flucht und Vertreibung von Palästinenser_innen rund um die Gründung des Staates Israel – anzuerkennen. Das ersetzt jedoch nicht die kritische Auseinandersetzung mit dem massiven Antisemitismus der BDS-Kampagne.)

42 Siehe z. B. Amadeu Antonio Stiftung, »Kindermörder Israel!«, in: *Nichts gegen Juden*. Online abrufbar unter: nichts-gegen-juden.de/kindermoerder-israel [letzter Zugriff: 27.04.2021].

Intersektionalität und die Leerstelle Antisemitismus

In intersektionalen linken Räumen wird von Juden_Jüdinnen oft eine kritische bis dezidiert antizionistische Haltung gefordert. Diese Positionierung fungiert explizit oder implizit als Eingangsvoraussetzung für viele Bündnisse und aktivistische Räume. Ina Holev und Miriam Yosef von der Bildungsinitiative »Jüdisch & Intersektional« beschreiben dieses für viele Juden_Jüdinnen allzu bekannte Gefühl:

> In einer unserer Präsentationen haben wir ein Meme, auf dem es heißt: *Are you a good Jew or a bad Jew?* In manchen aktivistischen Räumen ist es so, dass man bei Jüdinnen*Juden prüft, wie sie zu Israel stehen. Und das wird dann als Grund genommen, ob sie sozusagen schützenswert sind und Teil des aktivistischen Raums sein können. Dabei wird ein Doppelstandard für Jüdinnen*Juden in Bezug auf Israel angewendet – Nicht-Jüdinnen*Juden müssen sich dazu nicht positionieren.[43]

Jüdische Initiativen wie »Jüdisch & Intersektional« oder die Gruppe Latkes*Berlin und Einzelpersonen wie z. B. Hannah Peaceman[44] fordern heute zunehmend laut und offensiv eine Einbeziehung von jüdischen Perspektiven in intersektionale Bündnisse ein, und zwar ohne Vorbedingungen. Holev und Yosef argumentieren, dass nicht das Konzept der Intersektionalität das Problem sei, sondern intersektionale Aktivist_innen, die Antisemitismus aus ihren Kämpfen ausklammerten, indem sie das Konzept fehlerhaft anwendeten.

Neben diesem problematischen Aspekt kommt hinzu, dass das Konzept der Intersektionalität bzw. dessen Achsen eine Leerstelle aufweisen,

43 Högele, Tessa, »Warum auch Feminist*innen häufiger über Antisemitismus sprechen sollten. [Interview mit Ina Holev und Miriam Yosef]«, in: *ze.tt*, 19.09.2020. Online abrufbar unter: ze.tt/warum-auch-feministinnen-haeufiger-ueber-antisemitismus-sprechen-sollten-politik-aktivismus [letzter Zugriff: 22.04.2021].

44 Peaceman, Hannah, »Verbindungswege zwischen jüdischen und migrantischen Kämpfen. Überlegungen zum 8./9. Mai und seiner Aneignung«, in: Cholia, Harpreet Kaur / Jänicke, Christin (Hg.), *Unentbehrlich. Solidarität mit Betroffenen rechter, rassistischer und antisemitischer Gewalt*, Münster 2021, S. 114–121.

die auch konzeptimmanent dazu verleitet, das Thema Antisemitismus »zu vergessen«. Aus der Entstehungsgeschichte des Konzepts der Intersektionalität aus dem US-amerikanischen Schwarzen Feminismus[45] ergibt sich ein zentraler Fokus auf die Kategorien Race, Gender und Class. Lucy Chebout betont, dass dieser Ursprung präsent gehalten werden müsse, auch wenn das Konzept erweitert und modifiziert wird:

> Problematisch sind jedoch Arbeiten, die argumentieren, dass für den deutschen Kontext Race weniger relevant sei und Intersectionality daher ›angepasst‹ werden müsse, beispielsweise durch Fokussierungen auf die Kategorie Klasse. Während Erweiterungen produktiv sein können, dürfen sie nicht auf Kosten anderer Ungleichheitsdimensionen gehen. So ist zurecht insbesondere von Wissenschaftler_innen of Color kritisiert worden, dass deutsche Intersektionalitätsforschung dazu neige, weiße Dominanzverhältnisse zu perpetuieren, statt sie zu demontieren.[46]

Wir fänden es nachvollziehbar, wenn als Folge solcher Überlegungen eine Re-Fokussierung von Intersektionalität auf die Verschränkungen von Rassismus, Sexismus und Klassismus vorgenommen würde. Dann müsste für die Thematisierung anderer Herrschaftsverhältnisse und ihrer Interdependenzen ein anderer Begriff gefunden werden – und eine Reihe solcher Begriffe ist schon lange parallel zu »Intersektionalität« im Umlauf, wie etwa Mehrfach-Diskriminierung, Mehrdimensionalität,

45 Als Urheberin des Konzeptes gilt die Juristin und Rechtswissenschaftlerin Kimberlé Crenshaw, siehe: Crenshaw, Kimberlé, »Demarginalizing the Intersection of Race and Sex. A Black Feminist Critique of Antidiscrimination Doctrine«, in: *The University of Chicago Legal Forum* 1989, S. 139–167. Online abrufbar unter: philpapers.org/archive/CREDTI.pdf [letzter Zugriff: 22.04.2021]. Sehr bedeutsam ist zudem das bereits 1977 veröffentlichte Statement des Combahee River Collective, einer Schwarzen feministischen Gruppe, die zwar nicht das Wort »Intersektionalität« verwendete, aber deren Analyse nach wie vor höchst zeitgemäß ist. Siehe: Combahee River Collective, »The Combahee River Collective Statement«, in: Smith, Barbara (Hg.), *Home Girls. A Black Feminist Anthology*, New Brunswick / New Jersey 2000 [1983], S. 264–274.

46 Chebout, Lucy, »Back to the roots! Intersectionality und die Arbeiten von Kimberlé Crenshaw«, in: *Portal Intersektionalität*, 2012. Online abrufbar unter: portal-intersektionalitaet.de/theoriebildung/ueberblickstexte/chebout [letzter Zugriff: 22.04.2021].

Interdependenz.[47] Doch faktisch ist es so, dass zumindest in den meisten aktivistischen Kontexten unter Intersektionalität die nicht-hierarchisierende Überkreuzung *aller* Herrschaftsverhältnisse, die in einem gegebenen Kontext relevant sind, verstanden wird. In unterschiedlicher Häufigkeit werden dabei die Kategorien Race, Gender und Class um weitere Achsen bzw. Kategorien ergänzt, wie etwa sexuelle Orientierung, Geschlechtsidentität, Religion, Behinderung, Neurodiversität, Alter, Körper- und Schönheitsnormen.

Nun stellt sich die Frage, auf welche Weise Jüdischsein als Identität oder Antisemitismus als Herrschaftsverhältnis in einer solchen intersektionalen Logik verortet werden könnte. Dafür müssen wir zurückkommen auf die Frage, wie Jüdischsein definiert wird. Wie bereits dargelegt, ist die Frage nach dem Jüdischsein nicht leicht zu beantworten. Klar ist jedenfalls, dass Jüdischsein weder eindeutig und ausschließlich eine Religion ist, und noch deutlicher, dass Jüdischsein nicht unter den Begriff »race« subsumierbar ist. Es fehlt also im Konzept ein Ort, an dem Juden_Jüdinnen *als* Juden_Jüdinnen verortbar und in Intersektion mit anderen Identitätsaspekten benennbar wären.

Laut Karin Stögner hat die Idee der Unzuordenbarkeit von Juden_Jüdinnen zu den zentralen Identitätskategorien des Intersektionalitätskonzepts (Race, Class, Gender) selbst eine antisemitische Geschichte. Sie zeigt auf, dass Juden_Jüdinnen ab dem 19. Jahrhundert als geschlechtlich uneindeutig konstruiert wurden und damit als Gefahr für die heteronormativ-zweigeschlechtliche Ordnung. Auch ihre Klassenzuordnung schien aus antisemitischer Sicht immer ambivalent, wie die Tatsache zeigt, dass Juden_Jüdinnen gleichzeitig als Kapitalist_innen und Kommunist_innen diffamiert wurden (und werden). Selbst wenn Juden_Jüdinnen ökonomisch der Mittel- oder Oberklasse angehören, werde ihre Zugehörigkeit zum Bürgertum, so Stögner mit Bezug auf Theodor Adorno, dennoch immer in Zweifel gezogen, sie würden als »misfit bourgeois« von ihrem Umfeld stets misstrauisch beäugt und als nicht

47 Walgenbach, Katharina, »Intersektionalität – eine Einführung«, in: *Portal Intersektionalität*. Online abrufbar unter: portal-intersektionalitaet.de/theoriebildung/ueberblickstexte/walgenbach-einfuehrung/ [letzter Zugriff: 29.04.2021].

ganz authentische und nicht ganz zugehörige Außenseiter_innen betrachtet.[48] Juden_Jüdinnen galten über Jahrhunderte nicht als *weiß*, aber eben auch nicht als Schwarz, so Stögner, denn:

> Der Antisemitismus siedelte sie amorph zwischen weiß und schwarz an, sie galten als nicht zuordenbar zu den strikt gezogenen Kategorien. Dass der Antisemitismus über diese strikten Zuordnungen nach weiß und schwarz bzw. braun hinweggeht, macht gerade seine Spezifik als umfassende Weltsicht aus.[49]

Wenn Antisemitismus als Form von Rassismus definiert würde, wären die Hierarchielinien BIPoC – *weiß*. Juden_Jüdinnen hätten hier also keinen Ort beziehungsweise sie würden entweder auf der privilegierten Seite stehen, weil sie als *weiß* gelabelt würden, oder stünden als Juden_Jüdinnen of Color auf der deprivilegierten Seite. Dann aber nicht als betroffen von Antisemitismus, sondern als betroffen von Rassismus.

Wir möchten hier vorschlagen, Intersektionalität als Konzept und damit auch als Ausrichtung von Aktivismus einen Schritt weiter zu denken und auszudifferenzieren. Hierfür möchten wir zur Beschreibung eines Kontinuums von Positionierungen entlang der Achse des Herrschaftsverhältnisses Antisemitismus die Pole *Jude_Jüdin – Goj* einführen. Diese Achse würde es einerseits ermöglichen, einen Ort für die Benennbarkeit sowohl von Juden_Jüdinnen und ihren Diskriminierungserfahrungen als auch für die nicht-jüdische Position und damit zusammenhängende Privilegien zu schaffen. Andererseits ließe sich damit auch das Dilemma rund um die Frage besser lösen, inwiefern *weiße* Juden_Jüdinnen *weiß* sind. Denn schon in dieser Formulierung zeigt sich, dass es gleichzeitig um die Beschreibung einer Hautfarbe *und* die Analyse einer

48 Stögner, Karin, »Wie inklusiv ist Intersektionalität? Neue soziale Bewegungen, Identitätspolitik und Antisemitismus«, in: Salzborn, Samuel (Hg.), *Antisemitismus nach 9/11. Ereignisse, Debatten, Kontroversen*, Baden-Baden 2019, S. 385–402, S. 396 f. Für Adornos Überlegungen zum »misfit bourgeois« siehe Adorno, Theodor W., »Prejudice in the Interview Material«, in: Adorno, Theodor W. / Frenkel-Brunswik, Else / Levinson, Daniel J. / Sanford, R. Nevitt, *The Authoritarian Personality*, New York 1950, S. 605–653, hier S. 637 ff.

49 Stögner, »Wie inklusiv ist Intersektionalität?«, S. 396.

politischen Realität geht. Die darin enthaltene Ambivalenz ist notwendig, um die realen Auswirkungen thematisieren zu können, die rassistische Konstrukte mit sich bringen.

Durch die Einführung einer Achse, auf der sich verschiedene Positionen im Herrschaftsverhältnis Antisemitismus ausdrücken ließen, würde antisemitische Diskriminierung und Unterdrückung separat von Rassismus benennbar. Dann könnten auch spezifische Überkreuzungen und ambivalente Positionierungen klarer ausgedrückt werden, wie z. B. wenn eine Person vom Herrschaftsverhältnis Antisemitismus unterdrückt wird und vom Herrschaftsverhältnis Rassismus profitiert. Im Umkehrschluss heißt das auch, dass Menschen Diskriminierungserfahrungen im Bereich Rassismus, Heteronormativität etc. machen und in Bezug auf Antisemitismus privilegiert sein können. Diese Ausdifferenzierung eröffnet unserer Meinung nach Möglichkeiten für Allianzen untereinander, ohne zu vermengen und vor allem ohne Konkurrenzdynamiken zu bedienen und damit gesellschaftliche Spaltungen zu reproduzieren.

Es reicht jedoch nicht, einfach nur eine Achse hinzuzufügen. Um der Idee der Intersektionalität gerecht zu werden, müssen auch ihre Verwobenheiten und gelegentlichen Reibungen mit anderen Kategorien unter die Lupe genommen werden. Wie im Intersektionalitätskonzept angelegt, können die verschiedenen Positionierungen in Herrschaftsverhältnissen nicht einfach additiv gedacht werden, sondern sie erzeugen jeweils spezifische Machteffekte durch ihr Zusammentreffen, ihre »Intersections«. Das bedeutet für unseren Kontext, dass *weiße* Juden_Jüdinnen nicht auf die gleiche Art *weiß* sind wie *weiße* Gojim. Im Umkehrschluss gilt das Gleiche auch für eine Positionierung z. B. an der Intersektion von gojisch und Schwarz: Schwarze Gojim sind nicht auf die gleiche Weise gojisch wie *weiße* Gojim, weil mit ihrer gojischen Positionierung (meist) nicht die gleichen normativen Selbstverständlichkeiten und Privilegien verbunden sind.

In der unkritischen Einstufung von Juden_Jüdinnen als *weiß*, in der Unterordnung von Antisemitismus unter Rassismus oder auch in dem Umstand an sich, dass Antisemitismus in intersektionalen Theorien und aktivistischen Kontexten »übersehen« werden kann, wird deutlich, wie umfassend Gojnormativität als Machtstruktur wirkt. Wir haben bereits angedeutet, welche Folgen diese unhinterfragte Gojnormativität mit sich bringt: Juden_Jüdinnen werden unsichtbar gemacht. Es fehlt die Sprache, um Erfahrungen von Antisemitismus hörbar und begreifbar zu machen. Antisemitismus an sich wird nicht als Problem wahrgenommen, geschweige denn ernst genommen. Juden_Jüdinnen werden nicht als Betroffene von Diskriminierung sowie als Opfer von Vernichtungsphantasien und tatsächlicher Gewalt anerkannt.

All diese Effekte von Gojnormativität haben in verschiedener Weise mit der Unsichtbarmachung von Juden_Jüdinnen und von jüdischer Erfahrung zu tun. Das folgende Kapitel widmet sich deshalb diesem Themenkomplex.

5. SICHTBARKEITEN UND UNSICHTBARKEITEN VON JUDEN_JÜDINNEN

Ein zentraler Aspekt, an dem viele Fragen und Diskurse zusammenlaufen, scheint uns die Frage von jüdischer Sichtbarkeit und Unsichtbarkeit zu sein. Dabei analysieren wir die spezifische Intersektion der gesellschaftlichen Positionierung als jüdisch und *weiß*. Unsere These ist, dass sich an Vorstellungen von Sichtbarkeit und Unsichtbarkeit, die aktuell in linken, antirassistischen und queer-feministischen Diskursen präsent sind, einige gojnormative Problematiken gut herausarbeiten lassen, die uns dabei helfen können, ein besseres Verständnis von der ambivalenten Positionierung von Juden_Jüdinnen zu bekommen. Das ist für uns selbst wichtig, um uns als Juden_Jüdinnen politisch besser und reflektierter verorten zu können. Vor allem jedoch ist es notwendig, um bestehende gojnormative – und mitunter auch antisemitische – Ausschlüsse von Juden_Jüdinnen und die damit einhergehenden Entsolidarisierungen zu verstehen und zu kritisieren.

Um uns dieser Thematik zu nähern, und im Detail nach gojnormativen Elementen in aktuellen Debatten rund um Sichtbarkeit und Unsichtbarkeit zu fragen, unterscheiden wir zwischen zwei verschiedenen Konzepten von Unsichtbarkeit. Einerseits untersuchen wir Unsichtbarkeit als Privileg. Häufig geht die dominante Position, die nicht als »anders« und »besonders« markiert ist und die Schutz vor Anfeindungen und Übergriffen bietet, mit einer bestimmten Unsichtbarkeit einher. Dieser Form der Unsichtbarkeit gehen wir nach und arbeiten in Bezug auf Jüdischsein verschiedene Spannungsfelder heraus, denn Unsichtbarkeit ist hier vielschichtig und voller Widersprüche. Auf der anderen Seite schauen wir uns Sichtbarkeit als eine Form des Empowerments an, als ein selbstbewusstes und selbstbestimmtes Nach-Außen-Treten von Angehörigen einer marginalisierten Gruppe. Sichtbarkeit und Unsichtbarkeit, das wird im Verlauf des Kapitels deutlich, sind nicht als Gegensätze gemeint, sondern setzen analytisch und politisch auf unterschiedlichen Ebenen an, wobei es aber in beiden Fällen um die Kritik an und den Kampf gegen gesellschaftliche Machtverhältnisse geht.

Ist Unsichtbarkeit ein Privileg für Juden_Jüdinnen?

Wir möchten an dieser Stelle noch einmal auf Critical Whiteness-Ansätze Bezug nehmen. In Überlegungen zu Critical Whiteness wird Weißsein als unmarkierte gesellschaftliche Norm analysiert. Grada Kilomba beschreibt das eingängig:

> Es ist sehr verstörend für weiße Menschen sich zu positionieren, weil sie es gewohnt sind, sich nur als Mensch zu identifizieren und Weißsein unsichtbar zu machen. Aber es gibt keine machtvollere Position, als sich nur als Mensch zu sehen und die Norm zu bestimmen.[1]

Weißsein fungiert als unsichtbarer Maßstab, und es ist mit dem essenziellen Privileg verbunden, »einfach nur Mensch« sein zu können. Das Weißsein bleibt unmarkiert, darf als »normal« gelten, während jede Abweichung von dieser Norm als das »Andere« markiert wird. Noah Sow verdeutlicht das in »Deutschland Schwarz Weiß« mit einem Gedankenspiel:

> Haben Sie schon mal in einem Café gesessen und, wenn Sie einen Weißen beschreiben wollten, gesagt: ›Der Hellbeige da, neben dem Typen, der mehr so ins Rötliche geht, mit den rosa Punkten auf dem Arm‹? Weiße haben die lustigsten Spektren an Hautfarben. [...] Wir benennen diese Farbnuancen aber trotzdem nicht, weil wir es so *gelernt* haben. Wir haben gelernt, eine weiße Person ungefähr so zu beschreiben: ›Der Typ da hinten mit der langen Nase, den blondierten Haaren, den blauen Turnschuhen, Mitte 40.‹ Wir sagen nicht: ›Der weiße Typ da.‹[2]

Weißsein bleibt als Kategorie unsichtbar, und damit auch als Position im Herrschaftsverhältnis Rassismus. Schwarze Menschen und People of

1 Ippolito, Enrico / Kalarickal, Jasmin, »Weiß, Macht, Schwarz«, in: *taz*, 23.05.2013. Online abrufbar unter: taz.de/Debatte-Critical-Whiteness/!5066842 [letzter Zugriff: 24.01.2021].

2 Sow, Noah, *Deutschland Schwarz Weiß. Der alltägliche Rassismus*, München 2008, S. 27 f.

Color werden hingegen zu Objekten des *weißen* Blicks, sie werden als »Anders« markiert, exotisiert, fremd gemacht. Sie sind Beschimpfungen ausgesetzt, feindseligen und misstrauischen Blicken, Racial Profiling, physischer Gewalt bis hin zu rassistischer Ausbeutung und Versklavung und einer unerträglichen Zahl an Morden. BIPoC sind durch diese rassistisch verfasste Hypersichtbarkeit permanenter, offener und unentrinnbarer Diskriminierung und Gewalt ausgesetzt – im Gegensatz zum »unsichtbaren« Weißsein, das mit einer relativen Sicherheit vor Blicken, Angriffen, Abwertungen etc. einhergeht.

Wenn Juden_Jüdinnen in diesem Sinne als *weiß* kategorisiert werden, bedeutete dies, dass sie am Privileg der *weißen* Unsichtbarkeit partizipieren. Allerdings ist diese Idee voll von gojnormativen Vorannahmen und an manchen Stellen (implizit oder explizit) von antisemitischen Vorstellungen unterfüttert. Dass auch rassistische Vorannahmen darin stecken, alle Juden_Jüdinnen als *weiß* zu imaginieren und so Juden_Jüdinnen of Color die Daseinsberechtigung abzusprechen, wurde bereits thematisiert. Die Annahme, dass Juden_Jüdinnen am Privileg der *weißen* Unsichtbarkeit teilhaben, geht zudem davon aus, dass Jüdischsein an sich eine nach außen nicht sichtbare Identität ist. Es ist offensichtlich, dass das nicht auf alle Juden_Jüdinnen zutrifft: Orthodoxe Juden_Jüdinnen sind sichtbar jüdisch genauso wie Juden_Jüdinnen mit Kippa oder anderen religiösen Symbolen.

Um weiter der Idee jüdischer Unsichtbarkeit im Sinn eines Privilegs nachzugehen, müssten wir also alle Juden_Jüdinnen ausklammern, die nicht unsichtbar sind: Juden_Jüdinnen of Color sowie große Teile der religiös praktizierenden Juden_Jüdinnen. Diese Einschränkung ist schon sehr problematisch. Dennoch: Für *weiße* säkulare Juden_Jüdinnen kann es tatsächlich möglich sein, das eigene Jüdischsein weitgehend zu verbergen. Diese Unsichtbarkeit, das wollen wir explizit hervorheben, ist durchaus eine wichtige Ressource im Alltag, die es ermöglicht, sich in Bezug auf Jüdischsein an vielen Orten der Welt relativ und vermeintlich sicher durch den Alltag zu bewegen und entscheiden zu können, ob, wo und gegenüber wem das Jüdischsein sichtbar gemacht wird. Die Ressource der Unsichtbarkeit kann vor verbaler und physischer Gewalt, Racial Profiling, Diskriminierung auf inter-individueller Ebene, bei der Wohnungs-

und Arbeitssuche, vor übergriffigen Fragen und Abwertungen schützen. Ob gewollt oder nicht, die Unsichtbarkeit führt dazu, dass wir andere Diskriminierungserfahrungen machen als Menschen, die aufgrund äußerlich sichtbarer Merkmale ge-othered werden.

Noah Sow versucht den Unterschied zwischen der unentrinnbaren Differenz der rassistischen Markierung und Formen der Differenz, die sich zur Not verbergen lassen, zu beschreiben:

> Wenn Sie [...] beispielsweise aufgrund Ihrer sexuellen Orientierung [...] diskriminiert werden, dann ist das schlimm. Es bezieht sich aber auf etwas, das Sie nicht jedem zeigen *müssen*, wenn Sie nicht wollen. Sie könnten sich rein theoretisch als Hetero ausgeben oder gar nicht darüber sprechen.[3]

Das Problem dabei ist, dass Sichtbarkeit zu eindimensional gedacht wird. Die Differenz der Queerness ist an sehr vielen Stellen sichtbar genug, um queere Menschen zum Ziel verbaler und physischer Übergriffe zu machen. Auch viele Juden_Jüdinnen erleben sich nicht als unsichtbarer und nicht-markierter Teil einer hegemonialen Gruppe. Sasha Marianna Salzmann beschreibt zum Beispiel eher ein Gefühl der Hypersichtbarkeit:

> Ich werde nie wissen, was es heißt, unsichtbar zu sein. [...] Was es heißt, durch die Straßen zu streifen und nicht damit rechnen zu müssen, dass jemand im Vorbeigehen meine Haare zu berühren versucht. Wie es ist, sich nicht ständig in Selbstgesprächen zu beschwichtigen, wenn man mehrmals am Tag gefragt wird, ob man Deutsch verstehe. Mich in der Menge aufzulösen, ist keine Option für mich.[4]

Was Salzmann hier andeutet, ist, dass auch als jüdisch konnotierte Namen, Haare und andere (phantasierte) Markierungen für Antisemit_innen Anlass genug sind für verbale und physische Angriffe. Das ist kein theoretisches Argument – diese verbalen und körperlichen Angriffe geschehen mit erschreckender Häufigkeit. In den USA übrigens genauso

3 Sow, *Deutschland Schwarz Weiß*, S. 42.
4 Salzmann, »Sichtbar«, S. 13.

wie in Deutschland und Österreich. Die vermeintliche Unsichtbarkeit des Jüdischseins ist also immer fragil und mit einem Gefühl der latenten Bedrohung verknüpft.

Daraus folgt, dass die meisten Juden_Jüdinnen in Deutschland nicht freiwillig unsichtbar sind. Aufgrund des anhaltenden virulenten Antisemitismus vermeiden es selbst viele Juden_Jüdinnen, die vielleicht gerne jüdische Symbole tragen würden, dies zu tun. Aus Angst vor Gewalt! Die Symbole müssen im Übrigen nicht unbedingt religiös sein. Seit Jahren habe ich einen wunderschönen Turnbeutel vom Jüdischen Filmfestival Wien zu Hause hängen, auf dem über einem Davidstern die Aufschrift »Shalom Oida«[5] prangt. Ich würde so gerne draußen damit rumlaufen, aber ich traue mich einfach nicht. Ein einziges Mal habe ich ihn bisher ausgeführt, auf der Gedenkdemo zum 9. November, und selbst da hatte ich ihn für die Anreise in einen anderen Beutel gepackt.

Teil dieser unfreiwilligen Unsichtbarkeit ist auch, dass viele Juden_Jüdinnen genau abwägen, in welcher Situation sie sich wem gegenüber als jüdisch zu erkennen geben. Sei es, dass wir in der Öffentlichkeit lieber die Stimme zum Flüstern senken, wenn wir über jüdische Themen sprechen. Sei es, dass wir neue Bekanntschaften erst eine Weile beobachten, ihre Haltung zu Antisemitismus abchecken, bevor wir unser eigenes Jüdischsein erwähnen. Sei es, dass wir in Arbeits- und Politkontexten, in Runden mit Freund_innen von Freund_innen, in Weiterbildungen, Sportgruppen und diversen anderen Situationen erstarrt verstummen, wenn sich das Gespräch in die Richtung antisemitischer Codes bewegt. Dass wir lieber nichts sagen, um den geballten Antisemitismus nicht persönlich abzubekommen. All diese Situationen fühlen sich bedrohlich an, und gleichzeitig sind sie so alltäglich, dass wir uns selbst manchmal daran erinnern müssen, wie unglaublich belastend dieses Hintergrundrauschen der Angst und Anspannung ist.

Nun könnte dennoch eingewendet werden, dass überhaupt die Wahl

5 Der wienerische Ausspruch »oida« bedeutet eigentlich »Alter«, ist jedoch sehr vielfältig einsetzbar und damit eigentlich unübersetzbar. Siehe Placzyńska, Ewa, »How to Speak Viennese Using Only One Word. Video Tutorial«, in: *YouTube*, 20.05.2017. Online abrufbar unter: youtu.be/iuXR53ex4iI [letzter Zugriff: 28.04.2021].

zu haben und sich aussuchen zu können, ob die eigene Differenz offengelegt wird, eine bedeutsame Ressource und damit ein gesellschaftliches Privileg ist. Doch die Frage ist, unter welchen Bedingungen diese Wahl stattfindet und zu welchem Preis sie geschieht. Angesichts der deutschen Zustände fühlt es sich eher wie eine aufgezwungene Unsichtbarkeit an. Oder, wie es yasmine.dreamz auf Instagram formuliert: »While it is a privilege to be ABLE to hide your identity, it is not a privilege to HAVE to do so.«[6] Wenn Juden_Jüdinnen als *weiß* und damit als privilegiert konstruiert werden, steckt darin auch eine implizite *Anforderung*, das Jüdische unsichtbar zu machen, um von dem Privileg des Unmarkiertseins zu profitieren. Diese Anforderung, sich unsichtbar zu machen oder zu bleiben, um an der *weißen* Norm partizipieren zu können, fühlt sich an wie ein Auftrag, sich weiter zu verstecken. Und das ist unter anderem aus historischen Gründen höchst problematisch.

Unsichtbarkeit als Überlebensnotwendigkeit

Gerade vor dem Hintergrund der Geschichte des Nationalsozialismus und der Schoa ist das Unsichtbarsein und Sich-Unsichtbar-Machen mit der historischen und familienbiographischen Erfahrung verknüpft, sich verstecken und die eigene Identität verleugnen zu müssen. Dieses Versteckenmüssen ist so tief in das kollektive jüdische Gedächtnis eingeschrieben, dass es ziemlich gewaltvoll ist, Unsichtbarkeit widerspruchsfrei als Privileg darzustellen.

Es gibt unzählige Erzählungen von Familien mit jüdischen Biographien aus unserem Umfeld oder unseren eigenen Familien, die nach 1945 ihr Jüdischsein – intentional oder unbewusst – ablegten, verdrängten, abspalteten, verheimlichten. Es gelang nicht, ein positives Selbstkonzept aufrechtzuerhalten. Mit dem Identitätsanteil, der verfolgt und vernichtet

6 @yasmine.dreamz, Instagram-Posting, 20. September 2020. Online abrufbar unter: www.instagram.com/p/CCqTzmDqyfU/?igshid=14vb4wtqzpit7 [letzter Zugriff: 20.09. 2021].

werden sollte, wollten viele nichts mehr zu tun haben. Das ging sogar so weit, das Jüdischsein gegenüber den eigenen Nachkommen zu verheimlichen. Diese Erfahrung von Verheimlichung, Verstecken und Vorsicht ist eine transgenerational weitergegebene kollektive Erfahrung, die sich fortsetzt und je nach Kontext weiterwirkt.

Ina Rosenthal beschreibt die Schwere dieser Erfahrung und ihre anhaltende Wirksamkeit, ausgehend von ihrer eigenen familienbiographischen Versteckensgeschichte. Sie betont, wie zentral die Erfahrung von Flucht und Verstecken in der jüdischen Geschichte war, schon lange vor der Schoa, und fährt fort:

> Und auch wer als Jüd*in in der Zeit von 1933–1945 in Deutschland überleben wollte, musste einen Weg finden, nicht sichtbar, nicht identifizierbar zu sein. Der Preis hierfür war die Angst. Angst vor dem Erkannt-Werden. Auffallen war gefährlich! Jedes Husten, jeder Atemzug konnte verräterisch sein. Die Überlebensstrategie der Flucht, die grundlegend Traumata mit sich bringt, ist eng verknüpft mit der Erfahrung, sich zu verstecken. Dieses Verstecken war zumeist damit verbunden, sich in einer feindlich gesinnten Umgebung bzw. Gesellschaft bis hin zur totalen Aufgabe der eigenen Identität zu assimilieren.[7]

Familienbiographisch und -historisch hat das innerfamiliäre Verheimlichen und Abspalten zudem einen Bruch im Wissen und in den Erfahrungen zur Konsequenz. Geschichten des Lebens, Überlebens und Weiterlebens wurden nicht oder nur teilweise erzählt, Traditionen abgebrochen oder nicht weitergegeben.[8] Viele junge Juden_Jüdinnen schlagen

7 Rosenthal, Ina, »Ein Plädoyer für die Sichtbarkeit! Oder die Verstecke von gestern sind die Bühnen von morgen«, in: *Jalta* H. 04 (2018), S. 30–35, hier S. 31.

8 Parallelen in Bezug auf transgenerationale Traumata gibt es hier auch zu den Erfahrungen der europäischen Sinti_zze und Rom_nja. Zum Weiterlesen siehe z. B. den Abschnitt »Individuelle und familiäre Traumatisierungen als Bildungsbarriere« in Schuch, Jane, »Antiziganismus als Bildungsbarriere«, in: Heinrich Böll Stiftung, Heimatkunde. Migrationspolitisches Portal, *Dossier Perspektiven und Analysen von Sinti und Roma in Deutschland*, hg. v. Isidora Randjelovic und Jane Schuch, 03.12.2014. Online abrufbar unter: heimatkunde.boell.de/de/2015/02/24/antiziganismus-als-bildungsbarriere [letzter Zugriff: 11.05.2021].

sich heute mit der Frage herum, was Jüdischsein für sie bedeuten kann, wenn es familiär keine oder nur wenig positive Bezüge gab oder schlicht zu wenig Wissen vorhanden ist, um das Puzzle für sich sinnvoll zusammenzusetzen.

Insgesamt bedeutet dies, dass in jüdischer Unsichtbarkeit eine über Generationen weiter gegebene Gewalterfahrung steckt, die sich in dem Wissen äußert, sich verstecken zu müssen, und in der Angst davor, die Unsichtbarkeit aufzugeben.

Unsichtbarkeit und »jüdische Privilegien« in antisemitischen Erzählungen

Im Folgenden möchten wir einen weiteren Aspekt beleuchten, der unserer Ansicht nach wichtig ist, wenn wir uns Debatten um Unsichtbarkeit und Privilegierung anschauen. Der Vorwurf, Juden_Jüdinnen seien unsichtbar und würden dadurch im Verborgenen ihr Unwesen treiben, ist ein altes antisemitisches Bild, das in verschiedenen Kontexten aktiviert wird. Historisch gab es diesen Vorwurf unter anderem im Nationalsozialismus gegenüber assimilierten Juden_Jüdinnen. Ihnen wurde unterstellt, sich nur äußerlich anzupassen, im Kern aber jüdisch zu bleiben und so ihre vermeintliche Macht auszuüben – dies wurde von den Nazis als »jüdische Mimikry« bezeichnet. Nicht umsonst wurde der »Judenstern« im Nationalsozialismus zur äußerlichen Markierung genutzt, gerade weil Juden_Jüdinnen nicht am Aussehen erkennbar waren und sie aus der Unsichtbarkeit geholt werden sollten.[9] Die Markierung wurde eingeführt, um antijüdische Gesetze praktisch durchsetzen zu können.

9 Die antisemitische Markierung von Juden_Jüdinnen hat zudem eine lange Geschichte und wurde bereits lange vor dem Nationalsozialismus angewandt. Vgl. dazu Neiss, Marion, »Kennzeichnung«, in: Benz, Wolfgang (Hg.), *Handbuch des Antisemitismus. Judenfeindschaft in Geschichte und Gegenwart. Band 3: Begriffe, Theorien, Ideologien*, Berlin 2010, S. 174–175, hier S. 174.

Nach 1945 schwingen solche Bilder von jüdischer Macht, die im Verborgenen agiert, z. B. in Erzählungen über einen als übermächtig phantasierten israelischen Geheimdienst Mossad mit, oder in der QAnon-Verschwörungserzählung, die im Rahmen der Corona-Pandemie rasanten und erschreckenden Zuspruch erfahren hat.[10] Ein anderes bekanntes Beispiel ist der phantasierte Einfluss des US-amerikanischen jüdischen Philanthropen und Investors George Soros auf quasi alles, das aus Sicht von Rechten und Konservativen als progressiv gilt – egalitäre Geschlechterverhältnisse, Menschenrechte, bürgerliche Demokratie und dergleichen.

Es kann also Ausdruck einer explizit antisemitischen Haltung sein, Juden_Jüdinnen als *weiß* zu bezeichnen, um sie damit bewusst als privilegiert darzustellen und ihre Gewalt- und Diskriminierungserfahrungen sowie Antisemitismus an sich zu bagatellisieren und zu leugnen. Kulminiert ist diese Sichtweise im Sommer 2020 auf Twitter in dem Hashtag #jewishprivilege, unter dem Antisemit_innen und Verschwörungsideolog_innen klassische antisemitische Versatzstücke von »jüdischer Macht« verbreiteten. Der Hashtag wurde glücklicherweise von Juden_Jüdinnen übernommen, die eigene und familiäre Diskriminierungs- und Verfolgungserfahrungen unter dem Schlagwort #jewishprivilege twitterten. Um nur einige Beispiele zu nennen:

> Wenn du nun wieder einen gepackten Koffer im Schrank hast, dann hast du nicht zuviel Zombie Serien gesehen, sondern dies ist die Folge von: #JewishPrivilege

> In der 3. Klasse verprügelt zu werden, da ich (angeblich) Jesus gekreuzigt habe. #JewishPrivilege

> #JewishPrivilege is when you go to Auschwitz and find out about all the cousins you could have had.

10 Potter, Nicolas, »Neue Märchen, alte Gefahren«, in: *Belltower News*, 15.07.2020. Online abrufbar unter: www.belltower.news/qanon-neue-maerchen-alte-gefahren-101669 [letzter Zugriff: 7.10.2010].

> Wenn man auf der Strasse plötzlich von Unbekannten angespuckt wird, dann ist das #JewishPrivilege, wenn man sich über jüdische Themen unterhalten hat.[11]

Diese und unzählige weitere unter dem Hashtag veröffentlichte Erfahrungen mit Antisemitismus machen deutlich, dass es ein jüdisches Privileg nicht geben kann und die Phantasie eines solchen an sich schon antisemitisch ist, da es an alte antisemitische Bilder von »jüdischer Übermacht« anknüpft.

Juden_Jüdinnen als »Super-*Weiße*«: Das Phantasma jüdischer Übermacht

Antisemitismus wird häufig nicht als Problem gesehen oder erkannt, weil Menschen das Gefühl haben, dass sie »nach oben treten«.[12] Auch hier haben wir es mit einer antisemitischen Chiffre zu tun, die Juden_Jüdinnen als mächtig und einflussreich konstruiert und damit als das Gegenteil einer diskriminierten und bedrohten Gruppe. Manchmal, wenn besonders darauf beharrt wird, dass Juden_Jüdinnen *weiß* sind, geht es genau darum, an diesem antisemitischen Phantasma der jüdischen Übermacht festzuhalten. Juden_Jüdinnen erscheinen in dieser Sichtweise als »Super-*Weiße*«, oder, anders gesagt, als das unsichtbare Zentrum der Macht. David Schraub beschreibt, wie unterschiedlich Weißsein als analytisches Konzept wirkt, je nachdem, ob es auf *weiße* Gojim (im Englischen auch »gentiles« genannt) oder Juden_Jüdinnen angewandt wird:

> The hope in applying the Whiteness frame to a gentile White is to unsettle received understandings of the White experience—to make people see things

11 »›Wenn man plötzlich von Unbekannten angespuckt wird, dann ist das #JewishPrivilege‹«, in: *jetzt*, 15.07.2020. Online abrufbar unter: www.jetzt.de/politik/twitter trend-jewishprivilege-antisemitismus-im-alltag [letzter Zugriff: 22.01.2021].

12 Diesen Gedanken haben wir der Bildungsinitiative »Jüdisch & Intersektional« zu verdanken, die ihn im Rahmen eines Online-Vortrags im Sommer 2020 formuliert haben.

> they had not seen before. By contrast, the effect of applying Whiteness to Jewishness is confirmatory: ›I always thought that Jews had all this power and privilege—and see how right I was!‹[13]

Das Thematisieren des jüdischen Weißseins dient laut Schraub nicht dazu, den »unsichtbaren Rucksack von Privilegien«, wie es Peggy McIntosh nennt[14], sichtbar zu machen, sondern die verschwörungsideologische und antisemitische Erzählung von jüdischer Übermacht zu bestätigen.

Das antisemitische Bild von Juden_Jüdinnen als super-*weißen* mächtigen Eliten verbindet sich mit anderen antisemitischen Versatzstücken, denn Antisemitismus zeichnet sich durch große Flexibilität und Kombinierbarkeit aus. Eine besonders hartnäckige Form ist die sogenannte »verkürzte Kapitalismuskritik«. Hier dient die Figur des »jüdischen Kapitalisten«, oft codiert als »die Rothschilds«, »die Finanzelite«, »US-Ostküste«, »Banker«, »Heuschrecken« usw., als Personifizierung des kapitalistischen Systems. Auch darin ist die Vorstellung der im verborgenen wirkenden unsichtbaren Macht enthalten. Die ebenso damit verbundenen antisemitischen Codes, die Juden_Jüdinnen als »Globalisten« und »Kosmopoliten« imaginieren, stützen das Phantasma der allumfassenden jüdischen Übermacht als »Weltherrschaft«.

Die Projektion der Übel des kapitalistischen Systems auf Juden_Jüdinnen war und ist unter Rechten weit verbreitet, doch in der Geschichte linker Bewegungen weist diese Erzählung ebenfalls eine lange Geschichte auf.[15] Auch heute lassen sich Versatzstücke und Codes dieser antisemitischen Erzählung in erschreckender Häufigkeit in linken Diskursen finden.

13 Schraub, David, »White Jews. An Intersectional Approach«, in: *AJS Review* 43 (2019), H. 2, S. 379–407, hier S. 393.

14 McIntosh, Peggy, »White Privilege. Unpacking the Invisible Knapsack«, in: *The National SEED Project*. Online abrufbar unter: nationalseedproject.org/images/documents/Knapsack_plus_Notes-Peggy_McIntosh.pdf [letzter Zugriff: 18.03.2021].

15 Zum Weiterlesen siehe die ausführliche kommentierte Bibliographie von Peter Ulrich zu linkem Antisemitismus und seiner Geschichte in verschiedenen Kontexten: Ulrich, Peter, »Linke, Nahostkonflikt, Antisemitismus. Wegweiser durch eine Debatte. Eine kommentierte Bibliographie«, in: *Rosa Luxemburg Stiftung*, April 2014. Online abrufbar unter: www.rosalux.de/fileadmin/rls_uploads/pdfs/Analysen/Analyse_Linke-u-Nahostkonflikt.pdf [letzter Zugriff: 03.05.2021].

Ein Beispiel dafür ist das Bild der »Krake«, das immer wieder gerne zur Illustration einer übermächtigen, weltumspannenden Bedrohung genutzt wird. Marina Weisband hat auf ihrer Webseite die »Stürmer«-Karikaturen gepostet, auf die solche Bilder zurückgreifen. Sie erläutert das darin enthaltene verschwörungsideologische Phantasma:

> Die Kritik am ›raffenden Kapital‹, oder am ›Finanzkartell‹, wie es im Plakat oben so schön heißt, [...] geht davon aus, dass die Ausbeutung irgendwo zentral geplant ist, ›verschworen‹. Darum ja auch die Krake: viele Arme, die von überall her in der Welt ihren Einfluss nehmen, *aber nur ein Kopf*! Der strukturell antisemitischen Kapitalismuskritik haftet immer ein verschwörungstheoretisches Element an. Sie geht immer davon aus, dass es eine Gruppe von Menschen gibt (die Banker, die Rothschilds, das Finanzkartell), die man nur entsorgen müsste, damit die Welt eine bessere und gerechtere wird.[16]

Aktuell besonders relevant für die linke Konstruktion von Juden_Jüdinnen als super-*weiß* und übermächtig sind Diskurse rund um den Israel-Palästina-Konflikt. Israel wird hier zum Symbol der neokolonialen Weltordnung gemacht.[17] Dabei wird es sowohl als quasi idealtypische Verkörperung dieser Ordnung gesehen als auch als Motor des globalen Imperialismus. Faktisch ist das offensichtlich in vielerlei Hinsicht falsch. Die Geschichte der Staatsgründung Israels ist auch eine Geschichte des antikolonialen Kampfes gegen die britische Kolonialherrschaft und sie lässt sich vor allem nicht ohne Bezug auf die Schoa und die ihr voraus-

16 Weisband, Marina, »Über strukturellen Antisemitismus«, in: marinaweisband.de, 29.08.2017. Online abrufbar unter: marinaweisband.de/ueber-strukturellen-antisemitismus [letzter Zugriff: 29.04.2021]. Siehe auch: Schmidinger, Thomas, »Struktureller Antisemitismus und verkürzte Kapitalismuskritik«, in: AstA der Geschwister-Scholl-Universität München (Hg.), *Spiel ohne Grenzen. Zu- und Gegenstand der Antiglobalisierungsbewegung*, Berlin 2004. Online abrufbar unter: homepage.univie.ac.at/thomas.schmidinger/php/texte/antisemitismus_struktureller_antisemitismus.pdf [letzter Zugriff: 29.04.2021].

17 Edthofer, Julia, »Hat der Feminismus ein Antisemitismusproblem? Ja sicher!«, in: *an.schläge* H. 7 (2017), S. 10–12.

gehende und sie überdauernde Verfolgung von Juden_Jüdinnen in den meisten Teilen der Welt betrachten.[18]

Doch vor allem sticht ins Auge, wie unmittelbar die Idee, dass das winzige Israel über grenzenlose und weltumspannende Macht verfüge, an die bereits beschriebenen antisemitischen Erzählungen anschließt: Auf Israel wird die antisemitische Zuschreibung von Macht und Privilegien übertragen, die sonst klassischerweise auf Juden_Jüdinnen projiziert wird. In einer nochmaligen Zuspitzung der oben beschriebenen Konstruktion von Juden_Jüdinnen als super-*weiß* wird nun Israel zum Inbegriff der *weißen* Macht stilisiert. Juden_Jüdinnen werden so endgültig von Opfern der Verfolgung und Ermordung durch die Nationalsozialist_innen zu einem Kollektiv von Täter_innen umdefiniert, denn *weiß* = machtvoll = Täter_in ≠ Opfer.

Julia Edthofer beschreibt diesen Prozess als »Diskursives Whitening«:

> Im Zuge dieser Zuschreibung an Israel als Hyper-Kolonialstaat kommt es auch zu einem diskursiven ›Whitening‹ von Jüdinnen und Juden als nicht-rassifizierter (machtvoller) Teil der *weißen* Dominanzgesellschaft. Das bedeutet: Sie werden als *weiß* gelesen und es werden ihnen sowohl innerhalb europäischer Migrationsgesellschaften als auch im Nahen Osten alle Privilegien von *weißen* Menschen zugeschrieben.[19]

Dieser Prozess des Kolonialframings und der Kategorisierung von Juden_Jüdinnen als *weiß* und machtvoll verstärkte sich, so die These von Edthofer, seit den Terroranschlägen vom 11. September 2001 massiv,[20]

18 Es ist durchaus möglich, die Geschichte der Staatsgründung Israels *auch* als eine Geschichte von Siedlerkolonialismus zu analysieren, die zu Entrechtung und Verdrängung der palästinensischen Bevölkerung führte. Dafür wäre es aber nötig, den »neokolonialen« Interpretationsrahmen zugunsten einer komplexen und ambivalenztoleranten Analyse aufzugeben, die neben der jüdischen Verfolgungsgeschichte auch den im Judentum eingeschrieben Bezug zu Israel und die kontinuierliche, wenn auch zahlenmäßig kleine, Präsenz von Juden_Jüdinnen auf dem Gebiet von Palästina anerkennt. Meist wird jedoch das unterkomplexe Framing von vornherein als gesetzt angenommen und gar nicht weiter begründet oder ausgeführt.

19 Edthofer, »Hat der Feminismus ein Antisemitismusproblem?«, S. 10.

20 Ebd., S. 12.

wobei antisemitische und anti-amerikanische Diskurse sich verschränkten.[21]

Das diskursive Whitening von Juden_Jüdinnen geht sogar so weit, dass Israel als »White Supremacist State« bezeichnet wird, was angesichts der konkreten antisemitischen Bedrohung, die etwa in den USA von »White Supremacists« – von Neo-Nazis! – ausgeht,[22] eine atemberaubende Täter_innen-Opfer-Umkehr darstellt. Doch auch wenn die antisemitisch-verschwörungsideologische Erzählung meist etwas weniger explizit zutage tritt und oft nicht bewusst eingesetzt wird, ist es wichtig sich klarzumachen, dass ein Großteil des aktuellen israelbezogenen Antisemitismus auf diese Weise legitimiert wird: Indem Juden_Jüdinnen als *weiß* imaginiert werden und diese Vorstellung von Weißsein eine Fusion eingeht mit althergebrachten antisemitischen Bildern jüdischer Übermacht und dem Phantasma, dass Juden_Jüdinnen im Verborgenen die Welt beherrschten.

Assimilation, Passing, und die Unmöglichkeit der Unsichtbarwerdung

Die (tatsächliche oder vermeintliche) Teilhabe von Juden_Jüdinnen am *weißen* Privileg der Unsichtbarkeit hat also eine spezifische antisemitische Geschichte, die für viele Juden_Jüdinnen implizit mitschwingt, wenn diese Unsichtbarkeit ihnen pauschalisierend zugeschrieben oder als bewusste Entscheidung dargestellt wird. Wie Sander Gilman in seiner Analyse der Rassifizierung von Juden_Jüdinnen im 19. Jahrhundert zeigt, be-

21 Brögeler, Hanna / Boumaza, Jessin, »Antiamerikanismus in Deutschland. Zur Verschränkung zweier Ideologien nach 9/11«, in: Salzborn (Hg.), *Antisemitismus nach 9/11*, S. 285–300.

22 Die bekanntesten Beispiele der letzten Jahre – die »Unite the Right Rally« in Charlottesville 2017 und das Attentat auf die Tree of Life Synagogue in Pittsburgh 2018 – haben wir bereits erwähnt. White Supremacists sind klarerweise auch für Schwarze Menschen, People of Color, die queere und trans* Community und viele andere eine konkrete Bedrohung.

steht ein komplexes Wechselspiel zwischen Selbst- und Fremdwahrnehmung. Aus antisemitischer Sicht werden Juden_Jüdinnen als das sichtbar ganz Andere definiert (indem sie rassifiziert werden), zugleich treibt den_die Antisemit_in jedoch eine obsessive Angst davor um, die Juden_Jüdinnen nicht zu erkennen und aus Versehen in die gojische Gemeinschaft aufzunehmen.[23]

Für Juden_Jüdinnen kann diese antisemitische Obsession mit ihrer Unsichtbarkeit dazu führen, dass sie sich selbst als eine Art »Impostor« (Schwindler_innen oder Hochstapler_innen) fühlen. Gilman beschreibt dies an der Geschichte der Nasenchirurgie als Versuch, die vermeintlich »jüdische« Nase zu verändern. Doch der Versuch muss vergeblich bleiben, denn:

> Die äußere Erscheinung des Juden/der Jüdin zu verändern, mag einen weiten Spielraum für den Juden/die Jüdin geschaffen haben, in dem er oder sie ›als etwas anderes durchgehen‹ konnte (*to pass*), aber der Jude/die Jüdin kann niemals in Frieden mit seiner oder ihrer Unsichtbarkeit sein. [...] Je mehr der Jude/die Jüdin wünschte, unsichtbar zu werden, umso mehr wurde die Unsichtbarkeit des Juden/der Jüdin zum Zeichen der Differenz.[24]

Assimilation kann in diesem Sinn verstanden werden als der Wunsch, sich so perfekt an die unsichtbare *weiße* und gojische Norm anzupassen, dass man in ihr aufgeht, also in gewisser Weise als Versuch der Unsichtbar*werdung*. Damit ist die Hoffnung verbunden, der antisemitischen Gewalt zu entgehen – doch diese Hoffnung war immer vergeblich, wie Gilman zeigt, schon vor der Schoa, und sie ist es heute noch. Gleichzeitig

23 Gilman nennt hier das Beispiel der deutschen Burschenschaften, die Juden 1896 in den sogenannten Waidhofener Beschlüssen für »nicht satisfaktionsfähig« erklärten – also als Duellpartner ausschlossen. Gilman sieht das Ziel dieser Maßnahme darin, zu vermeiden, dass Juden durch das auffällige Erkennungszeichen der schlagenden Burschenschaftler, die Gesichtsnarbe bzw. den »Schmiss«, als Gojim durchgehen könnten. Gilman, Sander L., »Die jüdische Nase: Sind Juden/Jüdinnen *weiß*? Oder: die Geschichte der Nasenchirurgie«, in: Eggers/Kilomba/Piesche/Arndt (Hg.), *Mythen, Masken und Subjekte*, S. 394–415, hier S. 403 f. (Diese Fußnote ist für Judiths Bruder, der sie leider nicht mehr lesen kann.)
24 Ebd., S. 409.

kann im Beharren auf Assimilation – auf der Unsichtbarkeit der jüdischen Differenz – die Weigerung stecken, dem antisemitischen Phantasma der *Sichtbarkeit* des Jüdischen Raum zu geben.

Weiße Juden_Jüdinnen können als *weiß* durchgehen, solange sie keine sichtbaren Symbole tragen und sich nicht als jüdisch zu erkennen geben. Doch in dem Moment, in dem sie als jüdisch sichtbar werden, ist es mit der Teilhabe an *weißen* Privilegien vorbei. Die *weiße* Unsichtbarkeit (im Sinne der Norm, des Unmarkierten, des Unproblematisierten) ist für Juden_Jüdinnen nur möglich unter der Bedingung der Unsichtbarmachung des Jüdischen, oder, konsequent weitergedacht, der Assimilation – also unter der Bedingung des Verzichts auf jede Differenz. Auch das Privileg, keiner direkten physischen oder verbalen Gewalt ausgesetzt zu sein, ist an die Unsichtbarmachung des Jüdischen geknüpft.

Je nach gesellschaftlichem und historischem Kontext ist die genaue Form der Intersektion zwischen Jüdischsein und Weißsein jedoch recht unterschiedlich. Für den US-Kontext analysiert David Schraub sehr genau, welche Effekte sich daraus ergeben. Er plädiert unter anderem dafür, von »Conditional Whiteness« zu sprechen, also von einem Weißsein, das an bestimmte Bedingungen geknüpft ist, anstatt den Begriff des »Passing« zu verwenden. Einerseits, weil der Begriff des »Passing« eine spezifisch afro-amerikanische Geschichte hat; und andererseits, weil *weiße* Juden_Jüdinnen in den USA in vielen Kontexten auch dann von *weißen* Privilegien profitieren, wenn ihr Jüdischsein bekannt ist.[25] Das wiederum ist an verschiedene Bedingungen geknüpft, wie etwa das Annehmen von vereinnahmenden gojnormativen Interpretationsrahmen wie der Konstruktion einer »jüdisch-christlichen Zivilisation«.[26]

Im deutschen Kontext sind die Bedingungen dafür, dass Juden_Jüdinnen an *weißen* Privilegien teilhaben können, noch viel enger gesteckt. Debora Antmann schreibt dazu:

> Das weiß-Sein von Jüd:innen ist im Gegensatz zu dem von wc-Deutschen fragil und kontextabhängig. Für wc-Deutsche sind wir nicht deutsch, fremd,

25 Schraub, »White Jews«, S. 380.
26 Ebd., S. 397 f.

> wir werden rassifiziert, unsere Körper, unsere Anwesenheit unsere Existenz wird als nicht von hier, nicht von uns, nicht wie wir, fremd, böse, gefährlich, bedrohlich, von woanders, nicht deutsch kategorisiert. Ein jüdischer Körper gehört für wc-Deutsche nicht zum deutschen Volkskörper.[27]

Im Kontext des postnationalsozialistischen Deutschlands ist es fraglich, ob Juden_Jüdinnen noch als *weiß* wahrgenommen werden, wenn ihr Jüdischsein sichtbar geworden ist. Zumindest setzt direkt ein Prozess der Exotisierung ein, oder eine Vereinnahmung für deutsche Erinnerungsnarrative (siehe dazu das folgende Kapitel). Fragil ist das Weißsein von Juden_Jüdinnen aber vor allem deswegen, weil wir nie sicher sein können, ob oder wann die »harmlose« Exotisierung in offenen oder verdeckten Antisemitismus umschlägt.

Jüdische Sichtbarkeit, jüdisches Outing?

Bisher haben wir versucht, einen Einblick in die komplexe, ambivalente und schmerzhafte jüdische Geschichte der Unsichtbarkeiten zu geben, um zu problematisieren, inwiefern – und zu welchem Preis – Juden_Jüdinnen an dem Privileg der unsichtbaren *weißen* Norm partizipieren (können). Der Ausgangspunkt für diese Überlegungen waren Critical Whiteness-Ansätze. Doch in queer-feministischen, migrantischen und anderen emanzipatorischen sozialen Bewegungen gibt es gleichzeitig einen positiv besetzten Begriff von Sichtbarkeit. Sichtbarkeit bedeutet in diesem Zusammenhang das Erkämpfen eines Raums für sich und die eigene (wie auch immer definierte) Gruppe, das Gesehen- und Gehörtwerden, letztendlich die Anerkennung durch eine politische Community und damit ein Gefühl der Zugehörigkeit. Der Raum, der dadurch geschaffen wird, dass die Differenz selbstbestimmt nach außen sichtbar gemacht wird, hat auch eine entlastende Funktion: Dem Aus-

27 Antmann, »Zwischen den Stühlen«.

schluss und der Unsichtbarmachung durch die dominante Mehrheit wird ein positiver Bezug auf die eigene Identität entgegengesetzt. Dadurch kann nicht zuletzt der Stress des Sich-Verstecken-Müssens gemildert werden – das gilt etwa für queere Personen genauso wie für Juden_Jüdinnen.

Doch Sichtbarkeit ist auch mit Risiken verbunden. Es gibt viele gute Gründe, sich dagegen zu entscheiden. Ina Holev bringt das im Missy Magazine gut auf den Punkt: »das ›Sichtbar-Werden‹ erfordert Mut. Es bedeutet, angreifbar zu sein. Ganz egal, aus welchem Lager der Hass stammt. Unsichtbarkeit schützt dagegen.«[28] Gleichzeitig erschwert die Unsichtbarkeit – oder die Unsichtbar*machung* von Juden_Jüdinnen als marginalisierte und diskriminierte Gruppe – die Thematisierung der eigenen Betroffenheit und der eigenen Erfahrungen mit Antisemitismus. Um die persönliche Betroffenheit zu artikulieren und sich von diesem Standpunkt aus zu wehren, muss das eigene Jüdischsein erst sichtbar gemacht werden. Die Gruppe Latkes*Berlin beschreibt dies eindrücklich am Beispiel von einigen Vorfällen rund um den Berliner Kreuzberger CSD 2016. Nach einer von antisemitischen Codes durchzogenen Rede des Radical Queer Wagenplatz Kanal wendet sich eine jüdische Person an das Awareness-Team der Demo, um den Antisemitismus der Rede zu problematisieren:

> Doch bevor ich in meiner aufgelösten Verfassung auch nur die Chance habe, meine Kritik einigermaßen stringent zu formulieren oder mich als Jüdin zu positionieren, wird mir entgegengeschleudert: ›Was glaubst du denn, wie satt *ich* den Rassismus der Szene habe?!?‹ Ganz klar: Ich wurde als Kartoffel adressiert. [...] Aber nicht nur, dass die Präsenz von (nicht-israelischen) Juden*Jüd_innen unvorstellbar ist. Auch Antisemitismus gilt nicht als etwas, wovon reale Menschen betroffen sind. Es scheint für die meisten unvorstellbar, dass solche Erfahrungen von Antisemitismus manche von uns ohnmächtig, fassungslos und heulend zurücklassen, und dass sie uns gründlich den Tag vermiesen. ›Ihr gehört nicht nach Kreuzberg!‹, bekamen manche an

28 Holev, Ina, »Call Me By My Jewish Name«, in: *Missy Magazine*, 12.10.2018. Online abrufbar unter: missy-magazine.de/blog/2018/10/12/call-me-by-my-jewish-name [letzter Zugriff: 7.10.2020].

diesem X_CSD zu hören, oder gar: ›Denk' lieber mal drüber nach, was dein Opa gemacht hat!‹[29]

In diesem Beispiel wird deutlich, dass eine jüdische Sprechposition nicht einmal in Erwägung gezogen wird und die gojnormative Vorannahme so stark ist, dass eher eine familiär verstrickte gojische Deutsche als Gegenüber angenommen wird als eine Jüdin.

Was bedeutet das aus jüdischer Perspektive? Wenn ich als Jüdin nichts sage, mich nicht als jüdisch sichtbar mache, kann ich vielleicht an der *weißen* Unsichtbarkeit partizipieren und bin damit im Alltag selten direkter, auf mich gerichteter antisemitischer Gewalt ausgesetzt. Doch diese Unsichtbarkeit fühlt sich teuer erkauft an und nicht wie eine selbstverständliche Gegebenheit, über die gar nicht erst nachgedacht werden muss. Um noch einmal Holev zu zitieren:

> Ich möchte nicht mehr länger unsichtbar sein. In der Unsichtbarkeit kann ich keine solidarischen Bündnisse schließen. Weder mit Jüdinnen*Juden noch mit anderen Personen, die von der deutschen Mehrheitsgesellschaft ausgeschlossen werden. In der Unsichtbarkeit empfinde ich keine Zugehörigkeit zu einer wc-deutschen Mehrheitsgesellschaft, stattdessen einen Ausschluss in weiten Teilen des feministischen Diskurses [...].[30]

Die verschiedenen Formen der Unsichtbarmachung von Juden_Jüdinnen in linken Kontexten erschweren es ungemein, das eigene Jüdischsein selbstbewusst sichtbar zu machen. Diese Unsichtbarmachung kann durch eine implizite und unreflektierte Gleichsetzung von jüdisch und *weiß* und die oft damit verbundenen antisemitischen Bilder unsichtbarer jüdischer Macht geschehen. Ganz banal werden Juden_Jüdinnen in linken Kontexten aber auch dadurch unsichtbar gemacht, dass sie nicht mitgedacht und nicht genannt werden. Oder indem sie lediglich als Opfer der Schoa in Erscheinung treten und damit ausschließlich als tot imaginiert werden (siehe Kapitel 6). Auch die Einordnung von Anti-

29 Latkes*Berlin, »Wegen Antisemitismus gibt es in Berlin keinen alternativen CSD mehr«.
30 Holev, »Call Me By My Jewish Name«.

semitismus unter Rassismus befördert dies. Schließlich kann die Unsichtbarmachung auch der Abwehr der Auseinandersetzung mit dem eigenen (bewussten oder unbewussten) Antisemitismus dienen (siehe Kapitel 7).

Es sollte deutlich geworden sein, dass es sich bei den Dynamiken um Sichtbarkeit und Unsichtbarkeit in Bezug auf jüdische Positionen um ein Spannungsfeld handelt. Als nicht-jüdisch gelesen zu werden geht mit bestimmten Ressourcen einher, nämlich in erster Linie der Chance auf physische Unversehrtheit. Zugleich zahlen Juden_Jüdinnen dafür einen hohen Preis, nämlich den der Verleugnung, des Versteckens und des Wissens um die Gefahr, der man sich aussetzt, wenn die Unsichtbarkeit aufgegeben wird. Hinzu kommen transgenerational weitergegebene kollektive Erfahrungen des Versteckens und Unsichtbarmachens als Überlebensnotwendigkeiten. Zusammengefasst lässt sich also festhalten, dass wir nicht eindeutig von einem Privileg sprechen können, wenn es die Möglichkeit zur Unsichtbarkeit gibt.

Hier überkreuzen sich die *weiße* Norm und die Gojnormativität zu einer in sich widersprüchlichen Positionierung von *weißen* Juden_Jüdinnen in aktuellen Macht- und Herrschaftsstrukturen. Dass diese Ambivalenz jedoch so schwer zu thematisieren ist, hängt ganz zentral mit althergebrachten antisemitischen Bildern zusammen sowie mit der Position, die Juden_Jüdinnen auf dieser Grundlage zugewiesen bekommen. Es ist nicht einfach nur eine individuelle Entscheidung, ob ich mich als Jüdin sichtbar mache. Vielmehr ist damit auch die Forderung insbesondere an linke und queer-feministische Zusammenhänge verbunden, jüdische Perspektiven auch tatsächlich in ihrer Komplexität wahrzunehmen.

6. GOJNORMATIVITÄT IN DER ERINNERUNG AN DIE SCHOA UND AN AKTUELLE ANTISEMITISCHE GEWALT

Aus linker Perspektive ist bereits viel geschrieben worden über den »Aufarbeitungsweltmeister« Deutschland, und welche Funktion das Bild der geläuterten Nation für ein deutsches Selbstverständnis hat.[1] Das wollen wir hier nicht wiederholen. Stattdessen erscheint es uns sinnvoll, unter Rückgriff auf bereits getätigte Analysen, anhand einiger Beispiele die Gojnormativität in der Erinnerung und im Gedenken an die Schoa und an antisemitische Gewalt nach 1945 herauszuarbeiten. Im Mittelpunkt stehen die Fragen: Wer erinnert an was, an wen und in welcher Form? Welche Funktion erfüllt dies?

»Gedächtnistheater« und »Wiedergutmachungsjuden«

Max Czollek hat 2018 mit Bezug auf den Begriff »Gedächtnistheater« von Y. Michal Bodemann nachgezeichnet, wie das Verhältnis von Deutschen und Juden_Jüdinnen in Deutschland seit 1945 konfiguriert ist. Die deutsche Gesellschaft braucht Juden_Jüdinnen in einer ganz bestimmten Rolle und Funktion: »Denn das ist seit Jahrzehnten die Funktion der Juden in der Öffentlichkeit: die *Wiedergutwerdung der Deutschen* zu bestätigen.«[2] Es braucht also Juden_Jüdinnen und aktuelles jüdisches Leben in Deutschland als Beweis für die erfolgreiche Aufarbeitung der Geschichte und damit ein positives Selbstverständnis als Deutsche etabliert werden kann. *Der Jude* fungiert als Beleg, dass jüdisches Leben in Deutschland wieder möglich ist und Deutschland es geschafft hat, sich von den Schatten der Vergangenheit zu befreien. In der Etablierung von Gedenken und Aufarbeitung ging es also in erster Linie nicht um

1 U. a. Geisel, Eike, *Die Wiedergutwerdung der Deutschen. Essays und Polemiken*, Berlin 2015.
2 Czollek, *Desintegriert Euch!*, S. 9.

Juden_Jüdinnen und deren Nachkommen, sondern um Deutschland – ein nationalistisch-narzisstisches Kreisen um sich selbst.

Juden_Jüdinnen störten seit dem Ende des 2. Weltkrieges ein positives Selbstbild der Deutschen und waren notwendigerweise ein Stachel, der an die eigene Schuld, Verstrickung etc. erinnerte.[3] Zugleich waren und sind sie als lebende Juden_Jüdinnen eine Voraussetzung für Deutschland, um wieder gut zu werden und wieder deutsch sein zu dürfen. Laut Czollek hatte »die Entdeckung der Vergangenheitsbewältigung […] gravierende Folgen für die *lebenden* Juden und Jüdinnen in Deutschland, die sich fortan im Zentrum einer deutschen Selbstinszenierung wiederfanden.«[4] Sie wurden zu Statist_innen, eine Rolle, die sie zum Teil annahmen, mitspielten und in ihr Selbstbild integrierten.

Auch Jasmin Dean schreibt:

> Die Anerkennung der und das Gedenken an die Shoah sowie die Entschädigung der jüdischen Überlebenden waren – aus Sicht der Westalliierten – ein Gradmesser für die Demokratisierung der Bundesrepublik und eine Voraussetzung für die Wiederaufnahme in die Staatengemeinschaft.[5]

Es war selbstverständlich eine wichtige und richtige Forderung der Westalliierten, dass die BRD die Verbrechen der Schoa anerkannte und an sie gedachte, zugleich ist die Funktionalisierung in diesem Gründungsmythos schon angelegt und lässt Juden_Jüdinnen darin zu Objekten des eigenen Begehrens – u. a. die Anerkennung der BRD durch andere Staaten – werden. An dieser Stelle ist es jedoch wichtig zu betonen, dass finanzielle »Entschädigungen« nie wirklich stattgefunden haben. Überlebende wurden alleine gelassen, mussten dem nach wie vor von alten Nazis dominierten bürokratischen Apparat gegenüber ihre Ansprüche nachweisen – meist ein unmögliches Unterfangen – und wurden mit symbolischen Häppchen abgespeist, die aber öffentlichkeitswirksam vermarktet wurden. Viele Überlebende leb(t)en in Altersarmut, nicht nur

3 Siehe z. B. Salzborn, *Kollektive Unschuld.*

4 Czollek, *Desintegriert Euch!*, S. 23.

5 Dean, Jasmin, »Zwischen Konkurrenz und Kooperation. Allianzen zwischen Jüdinnen*Juden sowie Rom*nja und Sint*ezze«, in: *Jalta* H. 03 (2018), S. 95–103, hier S. 95 f.

in Deutschland, sondern z. B. auch in den USA und in Israel.[6] Gleichzeitig gibt es eine verbreitete und angesichts der Realität besonders perfide antisemitische Phantasie, dass Juden_Jüdinnen im Gegensatz zu anderen Opfergruppen großzügig entschädigt worden seien. Die Forderung nach finanziellen Entschädigungen für alle Opfergruppen besteht nach wie vor!

Die Aufnahme jüdischer Migrant_innen ab Anfang der 1990er Jahre kann als Fortsetzung der deutschen Funktionalisierung von Juden_Jüdinnen gelesen werden – die Aufnahme diente u. a. dem Bild Deutschlands in der Welt. Erica Zingher beschreibt dieses Vorhaben folgendermaßen:

> 1991 schaute die Welt auf Deutschland, Wiedervereinigung, endlich wieder ein Land. Die Ministerpräsidentenkonferenz beschloss am 9. Januar 1991 die Aufnahme jüdischer Migrant:innen. Parallel: Freidrehende Nazis, täglich rechte Übergriffe, Brandanschläge auf Asylbewerberheime. Da kam es ganz gelegen, Jüdinnen und Juden aufzunehmen und zu zeigen: Von diesem neuen Deutschland geht keine Bedrohung aus. [...] Ein halbes Jahrhundert nach der Schoah inszenierte das wiedervereinigte Deutschland die Aufnahme russischer Jüdinnen und Juden als Akt der Versöhnung. Wir wurden zu *Wiedergutmachungsjuden*. [...] Der ehemalige Innenminister Thomas de Maizière bezeichnete jüdische Kontingentflüchtlinge 2009 als ›Geschenk an Deutschland‹.[7]

6 Zum Weiterlesen siehe: Hermsmeier, Lukas, »Die Armut der Holocaust-Überlebenden«, in: *Der Tagesspiegel*, 24.07.2015. Online abrufbar unter: www.tagesspiegel.de/themen/reportage/juden-in-new-york-die-armut-der-holocaust-ueberlebenden/12098410.html [letzter Zugriff: 07.05.2021]; Rosbach, Jens, »Shoah-Verfolgte auf Grundsicherung angewiesen«, in: *Deutschlandfunk Kultur*, 05.05.2017. Online abrufbar unter: www.deutschlandfunkkultur.de/altersarmut-bei-zuwanderern-shoah-verfolgte-auf.1079.de.html?dram:article_id=385517 [letzter Zugriff: 07.05.2021]; »Holocaust-Überlebende in Israel. Jeder Vierte unter der Armutsgrenze«, in: *taz*, 15.04.2015. Online abrufbar unter: taz.de/Holocaust-Ueberlebende-in-Israel/!5012512/ [letzter Zugriff: 07.05.2021]; Dechert, Antje, »Holocaust-Überlebende. Vielen Opfern bleibt nur Grundsicherung«, in *tagesschau*, 27.01.2020. Online abrufbar unter: www.tagesschau.de/inland/holocaust-ueberlebende-armut-101.html?fbclid=IwAR0ySKP7a1mzD7mWvBsRfwbuKbh7hQqIntILtx3rV24-_4Ez4DdhivYyDNY [letzter Zugriff: 31.01.2021].

7 Zingher, »Jüdische Kontingentflüchtlinge«.

Juden als Geschenk für Deutschland? Es ist fast unmöglich, die Funktionalisierung von Juden_Jüdinnen offensichtlicher auszudrücken. Um die Lebensrealitäten derjenigen Juden_Jüdinnen, die aus Russland nach Deutschland kamen, ging es dabei zu keinem Zeitpunkt, so Zingher weiter:

> Denn viele Erlebnisse passten nicht ins Bild, das man für uns vorgesehen hatte. Das der Bilderbuchjuden, deren Lebensinhalt darin bestehen sollte, *irgendwie jüdisch* zu sein und Deutschland damit einen Dienst zu erweisen. [...] Statt Heines und Einsteins, die auch noch Ahnung von jüdischen Feiertagen haben, kamen Georgis, Dimas und Swetlanas. Zuwander:innen mit ganz normalen Zuwanderungsproblemen, mit Sprachschwierigkeiten, Unsicherheiten, Ängsten. Uns wurde aber auch zu viel aufgebürdet, denke ich. Wir sollten ideologische Arbeit für Deutschland leisten, uns in den Synagogen integrieren und dabei trotzdem kosmopolitisch daherkommen.[8]

In Zinghers Schilderungen zeigt sich exemplarisch, wie sehr Juden_Jüdinnen im deutschen Erinnerungsdiskurs auf eine bestimmte Rolle festgeschrieben werden, auf ein bestimmtes Bild. Die Folge ist eine massive Homogenisierung, also eine stereotyp verengte Vorstellung (auf Seiten deutscher Gojim) davon, was Juden_Jüdinnen ausmacht.

Das äußert sich einerseits, wie in dem Beispiel, in ins »Positive« gekehrten klassischen antisemitischen Vorurteilen, etwa der Vorstellung von Juden_Jüdinnen als besonders intellektuell und künstlerisch begabt oder als weltgewandte »Kosmopolit_innen«. Andererseits führt es dazu, dass ausschließlich eine bestimmte jüdische Biographie gesehen und anerkannt wird, und zwar die von Juden_Jüdinnen, die die Schoa überlebten oder ermordet wurden, sowie die ihrer Nachkommen. Meistens handelt es sich dabei um aschkenasische Familienbiographien. Gänzlich unsichtbar gemacht werden misrachische und sephardische Familiengeschichten oder generell alle jüdischen Familienbiographien, für die die Schoa nicht zentral ist. In der Erinnerung der postsowjetischen Juden_Jüdinnen hingegen steht meist nicht die Geschichte der Verfolgung im Fokus, sondern

8 Ebd.

der Sieg über Nazideutschland, den sie unter anderem aufgrund der Beteiligung ihrer Vorfahren stolz feiern.[9]

Mit der ihnen zugedachten prototypischen Verfolgungsgeschichte werden Juden_Jüdinnen ausschließlich in der Vergangenheit verortet und über ihre Verfolgung definiert. Das ist in höchstem Maße gojnormativ, denn dieser Blick interessiert sich überhaupt nicht für die tatsächlichen Erfahrungen und Realitäten von Juden_Jüdinnen in ihrer gegenwärtigen Vielfalt, sondern sieht in ihnen lediglich die deutsche Geschichte verkörpert. Und zwar jene deutsche Geschichte, die mit aller Anstrengung versucht hatte, die realen Körper dieser Juden_Jüdinnen auszulöschen.

Als heute in der Gesellschaft präsente aktive Subjekte werden Juden_Jüdinnen in diesem gojnormativen Gedächtnistheater nicht wahr- oder ernstgenommen. Das gilt oft auch dann, wenn Gojim Bewunderung und Faszination für »die jüdische Kultur« zum Ausdruck bringen. Denn darin drückt sich in den allermeisten Fällen eine Exotisierung aus, die die Figur des Juden_der Jüdin wieder nur als Spiegelbild missbraucht. Ein Beispiel ist die Aktionswoche der CDU »Von Schabbat zu Schabbat. Jüdisches Leben in Deutschland«, die im Juli 2020 stattfand.[10] Auf Instagram wurde die Aktionswoche mit Bildern beworben, auf denen mehr oder weniger bekannte CDU-Politiker_innen wichtige jüdische Feiertage »nachstellten«: Annegret Kramp-Karrenbauer mit Chanukkia, Bundesgeschäftsführer Stefan Hennewig mit Mazzot für Pessach, Stefan Evers mit Kippa und Tallit für Jom Kippur.[11] »Method acting am Limit«, kommentierte Czollek treffend.[12]

Die CDU-Aktionswoche wirkt durch die Absurdität und Peinlichkeit der Umsetzung lächerlich. Zugleich zeigt sich daran, so Zingher, »eine gängige Inszenierung, in der der Fantasiejude Projektionsfläche für Folk-

9 Vgl. Peaceman, »Verbindungswege zwischen jüdischen und migrantischen Kämpfen«, S. 118.

10 CDU, *Von Schabbat zu Schabbat. Jüdisches Leben in Deutschland*, 10.–17.07.2020. Online abrufbar unter: www.cdu.de/schabbat-schabbat [letzter Zugriff: 22.01.2021].

11 @cdu, Instagram-Posting, 13.07.2020. Online abrufbar unter: www.instagram.com/p/CCkiFsNiAb_/?igshid=1kgea0pesobsd [letzter Zugriff: 22.01.2021].

12 @max_czollek, Instagram-Posting, 15.07.2020. Online abrufbar unter: www.instagram.com/p/CCqTzmDqyfU/?igshid=14vb4wtqzpit7 [letzter Zugriff: 22.01.2021].

lorevorstellungen der Deutschen wird«[13] – und somit bleibt das Lachen dann doch im Hals stecken. Auch hier wird die reale Vielfalt tatsächlich in Deutschland lebender Juden_Jüdinnen durch eine Reihe von stereotypen Vorstellungen ersetzt, die in das jeweilige deutsch-gojische Bild passen. Oder, wie Sasha Marianna Salzmann und Max Czollek dies beschreiben:

> Bei der Inszenierung deutscher Läuterung nehmen Jüd*innen als ›Juden für Deutsche‹ also eine Statist*innenrolle ein. Was heute in der deutschen Öffentlichkeit als ›Jude‹ bezeichnet wird, hat so gut wie nichts mit der real existierenden Vielfalt jüdischer Identitäten zu tun und ist entworfen vonseiten eines deutschen Begehrens nach Abgrenzung von der eigenen nationalsozialistischen Vergangenheit. […] Als Statist*innen im deutschen Gedächtnistheater bewegen wir uns also in einem Koordinatenfeld, welches von einer deutschen Täter*innengemeinschaft definiert wird.[14]

Der Desintegrations-Kongress im Maxim Gorki Theater im Jahr 2016 war ein Versuch, diesem hegemonialen Diskurs andere Erzählungen entgegenzusetzen. Der Kongress wurde mit einer Postkarte beworben, auf der stand: »Wir haben den Krieg gewonnen.« Die Programmtage waren in ihrem Bezug auf den Tag der Befreiung definiert: »Zwei Tage bis zur Befreiung«, »Ein Tag bis zur Befreiung«, »Tag der Befreiung«. Die Bedeutung dieses Tages wird in der Ankündigung wie folgt erläutert:

> Das Kongressende am 8. Mai als Tag des Sieges über den Faschismus ist ein Teil dieser Suche nach einer Alternative zu einer zugeschriebenen Opferposition. Das Datum unterstreicht auch das Potential dreier Narrative von Juden in Deutschland – jenem der sowjetischen und israelischen Immigration sowie des DDR/BRD-Judentums nach 1945.[15]

13 Zingher, Erica, »Komm, wir spielen Juden! Jüdische Aktionswoche der CDU«, in: *taz*, 17.07.2020. Online abrufbar unter: taz.de/Juedische-Aktionswoche-der-CDU/!5695340 [letzter Zugriff: 29.01.2021].

14 Czollek/Salzmann, »›Spielt euer Theater doch alleine!‹«, S. 11.

15 *Desintegration*, 06.–08.05.2016.

Im Folgenden wenden wir uns ebenfalls der Frage der Befreiung zu, jedoch in ihrer ambivalenten Rolle für das gojische deutsche Geschichtsverständnis und mit Blick auf dessen gojnormative Auslassungen.

Besiegt oder befreit? Der kleine Unterschied

Die bedingungslose Kapitulation Deutschlands trat am 8. bzw. 9. Mai 1945 in Kraft, Deutschland hatte den 2. Weltkrieg verloren. Es ist eine Frage der Perspektive bzw. der politischen Haltung, wie dieses Ereignis eingeordnet wird. Lange war in Westdeutschland von einer Niederlage die Rede, das Land wurde also besiegt. In der DDR hingegen wurde von Anfang an die Befreiung gefeiert, wobei die offizielle Erinnerungspolitik die Perspektive von Widerstandskämpfer_innen einnahm und sich als Heldengedenken inszenierte.[16] Mit der Zeit änderte sich die Rezeptionsgeschichte und mittlerweile wird bundesweit von Befreiung gesprochen. Ein wichtiges Ereignis für diesen Wechsel war die Rede Richard von Weizsäckers am 8. Mai 1985 während der Gedenkstunde des Deutschen Bundestages in der BRD zum 40. Jahrestag des Kriegsendes. Die nur wenige Jahre später erfolgte sogenannte Wiedervereinigung zementierte die Dominanz dieses Narrativs. Lydia Lierke und Massimo Perinelli schreiben dazu:

> Der Vereinigungsprozess der DDR und BRD ermöglichte der Mehrheitsgesellschaft […] einen widerspruchsfreien Bezug auf Deutschland, der das Vergangene nun für abgeschlossen erklärte.[17]

In Österreich verlief die Entwicklung in gewisser Weise gegenläufig. Aus der strategischen Darstellung von Österreich als dem »ersten Opfer des

16 Arbeitskreis »Stalin hat uns das Herz gebrochen« der Naturfreundejugend Berlin, *Stalin hat uns das Herz gebrochen. Antisemitismus in der DDR und die Verfolgung jüdischer Kommunist*innen*, Münster 2017, S. 186.

17 Lierke, Lydia / Perinelli, Massimo, »Intro«, in: Dies. (Hg.), *Erinnern Stören*, S. 11–30, hier S. 18.

Nationalsozialismus«, der sogenannten Opferthese, folgte für die ersten Jahre nach Kriegsende ein offizieller Fokus auf die »Befreiung«. Spätestens mit dem Abzug der Alliierten aus Österreich und der Unterzeichnung des Staatsvertrags im Jahr 1955 hatte sich jedoch die Bedeutung des Begriffs grundlegend verschoben, und unter »Befreiung« wurde das Ende der alliierten Besatzung verstanden.[18] Noch im Jahr 2005 feierte das offizielle Österreich mit einem »Gedankenjahr« das 50-jährige Jubiläum der »Befreiung«.[19] Die linke Kritik bestand unter anderem aus der Forderung, von sechzig Jahren Befreiung zu sprechen.

Viele Überlebende kämpften jahrzehntelang für eine Deutung des 8./9. Mai als einen Tag der Befreiung. Hannah Peaceman schreibt dazu:

> Diese Befreiten waren es, die um Entnazifizierung kämpften, was auch für die Deutung des 8. Mai eine Rolle spielt. Ihre Kämpfe um Entnazifizierung leisteten einen wesentlichen Beitrag dafür, dass der 8. Mai vom ›Tag der Niederlage‹, wie er zunächst in Deutschland genannt wurde, zum ›Tag der Befreiung‹ umgedeutet wurde. Das war ein wichtiger Erfolg geschichtspolitischer Kämpfe, auch wenn dies heute nicht mehr sichtbar ist, weil sich dieser Erfolg von der nicht-jüdischen Mehrheitsgesellschaft angeeignet wurde.[20]

Selbstverständlich gibt es verschiedene Gründe, warum der Begriff »Befreiung« herangezogen werden kann. Befreit können sich Menschen fühlen, die An- oder Zugehörige der NS-Opfergruppen sind: Homosexuelle, behinderte Menschen, Juden_Jüdinnen, Sinti_zze, Rom_nja, Kommunist_innen, Linke, Antifaschist_innen, Zeug_innen Jehovas, als »aso-

18 Dobers, Johannes / Mayer, Stefanie, »Geschichts- und Gedenkpolitik in Österreich«, in: Arbeitskreis gegen den kärntner Konsens (Hg.), *Friede, Freude, deutscher Eintopf. Rechte Mythen, NS-Verharmlosung und antifaschistischer Protest*, Wien 2011, S. 20–57, hier S. 41.

19 Ebd., S. 49 f.

20 Peaceman, »Verbindungswege zwischen jüdischen und migrantischen Kämpfen«, S. 115 f. Siehe auch das von Peaceman mitinitiierte Projekt »histoMEETS… Jalta«, das verschiedene jüdische Perspektiven auf den 8./9. Mai veranschaulicht: »histoMEETS… Jalta. Jewish Perspectives on May 8/9«, in: Bundeszentrale für politische Bildung, *histoCON*, Bonn 2020. Online abrufbar unter: histocon.de/histomeetsjalta [letzter Zugriff: 11.05.2021].

zial« Verfolgte etc. Befreit können sich aber auch Menschen fühlen, die sich als Opfer sehen, ohne zu den oben genannten Gruppen zu gehören. In den letzten zwei Jahrzehnten ist ein Trend zu beobachten, eine deutsche Opfererzählung zu etablieren. Zentrale Motive dieser Erzählung sind der Komplex rund um die Flucht und Vertreibung von Deutschen mit Nazihintergrund aus den ehemals von Nazideutschland besetzten Regionen, der Mythos von der mutwilligen Zerstörung Dresdens durch die Alliierten, das Leiden am »Bombenkrieg«. Diese Erzählung, die sich auch in Kulturproduktionen widerspiegelt (u.a. in »Unsere Mütter, unsere Väter«, »Dresden«, »Die Flucht«), betont die Leiden der gojischen Deutschen und deutet diese von Angehörigen der Täter_innengesellschaft zu Opfern um. Plötzlich waren auch die Deutschen Opfer, die befreit werden wollten. Außen vor bleibt, dass ein Großteil der deutschen Bevölkerung bis zuletzt hinter dem nationalsozialistischen System und seinen Ideologien stand und nicht von den Alliierten befreit, sondern besiegt wurde.

Eine etwas subtilere Form dieses Opfernarrativs beschreibt Tom David Uhlig am Beispiel der Gedenkstätte für die Alte Synagoge in Freiburg als »Entkonkretisierung« der Erinnerung:

> [S]o wird hier weder auf die zerstörte Synagoge noch auf die Shoah angesprochen, geschweige denn das Kollektiv der Täter und Täterinnen aus der Stadt Freiburg und ihre Opfer benannt, sondern lediglich die ›Herrschaft von Gewalt und Unrecht‹ beklagt. Damit ist die Erinnerung entkonkretisiert: Die Rede ist nicht von realen geschichtlichen Personen, sondern von abstrakt bleibender Herrschaft, welche scheinbar ohne Akteur*innen Gewalt und Unrecht ausgeübt hätte. Wer diese erlitt, bleibt ebenfalls unbenannt, so dass es den Leser*innen freisteht, auch Angehörige der Täter*innengesellschaft zu den Opfern zu zählen.[21]

Zur Entkonkretisierung der Erinnerung passt auch die Stilisierung des 9. Novembers zum »Schicksalstag der Deutschen«. Anlässlich historischer Ereignisse von Schicksal zu sprechen ist problematisch genug.

21 Uhlig, Tom David, »(Un)Geliebte Erbschaften. Gedenken im Kontext transgenerationaler Verstrickung«, in: *Jalta* H. 04 (2018), S. 112–118.

Zudem findet hier eine völlige Entkonkretisierung statt, indem die einzelnen Ereignisse alle in einen Topf geworfen werden und nicht mehr differenziert wird. So geraten selbst die Novemberpogrome 1938 zum Schicksal der Deutschen, anstatt als traumatisches Ereignis für Juden_Jüdinnen und als Auftakt für die systematische Verfolgung und Vernichtung der europäischen Juden_Jüdinnen erinnert zu werden, oder werden von den Feierlichkeiten zur Erinnerung an den Mauerfall an den erinnerungspolitischen Rand gedrängt.[22]

Eine weitere Variante der Konstruktion eines neuen Selbstbildes als befreite und geläuterte Deutsche ist die Umdichtung der Protagonist_innen der eigenen Familiengeschichte zu »guten Deutschen« oder Widerstandskämpfer_innen. Dazu passt die Tatsache, dass es wesentlich mehr gojische Deutsche gibt, die angeben, ihre Eltern, Großeltern oder Urgroßeltern hätten Juden_Jüdinnen versteckt, als die tatsächlichen Zahlen von im Versteck Überlebenden hergeben. Das haben Harald Welzer, Sabine Moller und Karoline Tschuggnall schon 2002 mit ihrer Studie »Opa war kein Nazi« gezeigt.[23] In den letzten Jahren nimmt die Beschäftigung mit der transgenerationalen Weitergabe von Erinnerung in Täter_innenfamilien und die Analyse der damit verbundenen »Gefühlserbschaften« langsam zu.[24] Das ist besonders wichtig, da die Bedeutung dieser Gefühlserbschaften mit den Jahren eher zu- als abnimmt.[25] Auch die apologetischen Familienerzählungen werden im Verlauf der Generationen meist immer ausgeprägter. Anders ausgedrückt: Die Zahl der »Judenretter« steigt und steigt.

22 Vertiefend dazu siehe: Adler, Sharon, »Kontinuitäten der Erinnerungskultur deutsch-jüdischer Zeitgeschichte. Sechs Gespräche«, in: Lierke/Perinelli (Hg.), *Erinnern stören*, S. 359–403. Sowie: Baader, Maria T. [heute Ben], »Zweierlei Befreiung«, in: Jacoby/Schoppmann/Zena-Henry (Hg.), *Nach der Shoa geboren*, Berlin 1994, S. 11–20.

23 Welzer, Harald / Moller, Sabine / Tschuggnall, Karoline, *»Opa war kein Nazi!« Nationalsozialismus und Holocaust im Familiengedächtnis*, Frankfurt a. M. 2002.

24 Ebenso gibt es schon eine Weile Seminare, die Menschen bei der Erforschung ihrer eigenen Familiengeschichte und den dabei ggf. aufkommenden Emotionen differenziert, also nicht geschichtsrelativierend, unterstützen. Zu nennen wären hier z. B. die Angebote der KZ-Gedenkstätte Neuengamme.

25 Uhlig, »(Un)Geliebte Erbschaften«, S. 118.

Die deutsche Opfer- und Umerzählung eigener Familiengeschichte wird von linker und antifaschistischer Seite schon lange scharf kritisiert. Im Zentrum der Kritik stehen dabei wichtige Elemente des »Gedächtnistheaters« wie die deutsche Selbstdarstellung als geläutert und das Phantasma der gelungenen Aufarbeitung. Auch die deutsche Selbstinszenierung als Opfer wird als Teil der postnationalsozialistischen Gesellschaft thematisiert, in der eine Entnazifizierung nie stattgefunden hat. Die Kritik nimmt immer wieder die Symbole und Metaphern des Opfermythos auseinander, sei es Dresden[26], den Diskurs um Flucht und Vertreibung, den Mythos Trümmerfrauen[27] oder die allgemeine Selbstviktimisierung (»wir hatten es ja auch nicht leicht«, »damals im Krieg« ...).

Gegen diese beharrlich um sich greifenden Opfernarrative betont die linke antifaschistische Erinnerungspolitik, dass es sich bei der deutschen Gesellschaft um eine Täter_innengesellschaft handelt. Das ist eine wichtige Intervention in hegemoniale Diskurse, die den Fokus auf Kontinuitäten zwischen Nationalsozialismus und Nachkriegsdeutschland legt. Aber dabei geschieht oft gleichzeitig eine andere Art der gojnormativen Homogenisierung. Deutsche sind aus dieser Perspektive nur noch als Nachkommen von Täter_innen denkbar – und die (Familien-)Geschichten von jüdischen Deutschen werden einmal mehr unsichtbar gemacht. Diese normative Verkürzung ist genauso problematisch in Bezug auf Romn_ja, Sinti_zze und andere vom Nationalsozialismus Verfolgte und ihre Nachkommen. Gleichzeitig werden dadurch von Migration geprägte Erfahrungen und Familiengeschichten ebenfalls aus der Norm des Deutschseins herausgeschrieben. Wenn die handelnden Subjekte der Erinnerungspolitik nur als Nachkommen von Täter_innen gedacht werden können, bedeutet das auch, dass deutsche Juden_Jüdinnen nur als Tote oder Überlebende vorstellbar sind. Hier zeigt sich ebenfalls, dass es

26 Zum Weiterlesen siehe: Fischer, Henning, *Erinnerung an und für Deutschland. Dresden und der 13. Februar 1945 im Gedächtnis der Berliner Republik*, Münster 2011.
27 Zum Weiterlesen siehe: Treber, Leonie, *Mythos Trümmerfrauen: Von der Trümmerbeseitigung in der Kriegs- und Nachkriegszeit und der Entstehung eines deutschen Erinnerungsortes*, Essen 2014.

dringend nötig ist, die Dichotomie deutsch versus jüdisch aufzubrechen, wie wir im Kapitel »Jude und Goj« bereits argumentierten.

Vor diesem Hintergrund kommen wir noch einmal auf die Frage zurück: Befreiung oder Niederlage? Wie stellt es sich aus einer linken Perspektive dar? Linke Erinnerungspolitik steht nicht nur in dieser Frage in einem ambivalenten Spannungsverhältnis zum hegemonialen Gedächtnistheater. Denn wir wissen, dass selbst die Formen des offiziellen staatstragenden Gedenkens, die wir kritisieren, erst mühevoll von antifaschistischen Aktivist_innen, Überlebenden, Nachfahren und Angehörigen gegen die Ignoranz und Widerstände eines Großteils der postnationalsozialistischen Mehrheitsgesellschaft erkämpft werden mussten. Es gibt also einerseits die Ebene des Kampfes um den Diskurs, die wichtig ist. Andererseits könnte aber auch in Bezug auf linke gojische Akteur_innen gefragt werden, wie es mit der kritischen Reflexion der eigenen (familien-)biographischen Verstrickungen aussieht. Wer identifiziert sich selbst aus welchen Gründen mit der Perspektive der Befreiung? Diese Identifikation ist durchaus stark affektiv aufgeladen, was umso mehr die Notwendigkeit der kritischen Auseinandersetzung zeigt.

Aus antifaschistischer Perspektive liegt es klarerweise nahe, die Befreiung vom Faschismus als positives Ereignis zu sehen, das es zu feiern gilt. Die Haltung zur Befreiung ist hier vermittelt durch die eigene politische Positionierung. Das ist legitim und wichtig, ganz besonders bei jenen gojischen Aktivist_innen, die oft seit Jahrzehnten unermüdlich für ein Gedenken an die Schoa jenseits des hegemonialen Gedächtnistheaters kämpfen. Dennoch kann diese politische Positionierung nicht die Auseinandersetzung mit den eigenen familiären Verstrickungen ersetzen, und das kritische Hinterfragen von familiären Narrativen und Gefühlserbschaften. Mitunter geht es zudem um ganz konkrete materielle Aspekte wie die Frage, ob die eigenen Vorfahren von Arisierungen, Zwangsarbeit, Enteignungen, Berufsverboten für Juden_Jüdinnen etc. profitiert haben und was das für ein etwaiges materielles Erbe bedeutet.[28] Wir

28 Auf die materiellen Kontinuitäten nach dem NS haben Überlebende und ihre Nachkommen oftmals hingewiesen. Einen Aufschwung erlebte die Debatte im Frühjahr 2021 nach einem Instagram-Livetalk von Moshtari Hilal und Sinthujan Varatharajah, der

wollen nicht behaupten, dass diese Auseinandersetzungen und Reflexionen nie stattfinden, jedoch dazu anregen, über die eigene Verortung in Bezug auf die Frage »besiegt oder befreit« und die eigene gojische Familiengeschichte auf komplexe Weise nachzudenken – auch in der 3. oder 4. Generation.

Gojischer Fokus im Gedenken

Anschließend an das bisher Geschriebene lässt sich konstatieren, dass die Diskurse um die Aufarbeitung der Verbrechen des Nationalsozialismus in Deutschland schon immer einen starken Täter_innenfokus bzw. einen gojischen Fokus hatten. Aus der Funktionalisierung von Juden_Jüdinnen für das eigene nationale und geläuterte Selbstbild ergibt sich fast zwangsläufig, dass auch die Art und Weise des Gedenkens fest unter gojischer Kontrolle ist: Es waren nicht die Überlebenden und die Nachkommen der Opfer, die Deutungshoheit bekamen und bestimmen durften. Bodemann schreibt dazu:

> Im Gegensatz zu Ländern mit größerem jüdischen Bevölkerungsanteil, wie in Kanada oder den USA, wo Gedenkveranstaltungen von Juden initiiert und gestaltet werden, wird diese Aufgabe in Ländern mit einer geringeren Anzahl von Juden, wie Deutschland, Polen oder Italien, bezeichnenderweise von Nicht-Juden übernommen. Ein wesentlicher Unterschied ist dabei, dass von Nicht-Juden initiiertes Gedenken stets öffentlich ist, wohingegen das

breit in den Feuilletons rezipiert wurde und anhand dessen die Abwehr, über das Thema zu sprechen, erneut frappierend deutlich wurde. Zum Weiterlesen siehe: Hoffmann, Jule, »Deutsch und damit nicht normal«, in: *Zeit Online*, 12.03.2021. Online abrufbar unter: www.zeit.de/kultur/2021-03/ns-vergangenheit-nazihintergrund-she-said-buchladen-emilia-von-senger [letzter Zugriff: 07.05.2021] und Adler, Sharon, »Debatte um Privilegien und Doppelmoral: Kontaminiertes Erbe – vererbte Schuld«, in: *Berliner Zeitung*, 04.03.2021. Online abrufbar unter: www.berliner-zeitung.de/kultur-vergnuegen/debatte-um-privilegien-und-doppel-moral-kontaminiertes-erbe-vererbte-schuld-li.143273?pid=true [letzter Zugriff: 07.05.2021].

von Juden initiierte Gedenken im privaten und familiären Rahmen stattfindet, oft in Verbindung mit dem Verlesen von Namen.[29]

Auch die Zielsetzung der Gedenkkultur in Deutschland setzt die Täter_innen bzw. ihre Nachkommen stark in den Mittelpunkt. Ziel der Beschäftigung mit der Schoa und dem Nationalsozialismus ist oftmals ein »Lernen aus der Geschichte« für die Nachfolgegenerationen der Täter_innen im Sinne eines »Nie wieder« – was im Prinzip ein richtiges und angemessenes Ziel ist. An die imaginierte Täter_innennachkommenschaft richten sich dann auch implizit die Erinnerungszeremonien oder Gedenk-Installationen.

Ein Beispiel für den Täter_innenfokus im Gedenken ist das 1993 im Bayerischen Viertel in Berlin angebrachte Flächendenkmal »Orte des Erinnerns«, das auf die schrittweise Entrechtung von Juden_Jüdinnen durch die nationalsozialistische Gesetzgebung hinweisen will. Auf 80 Schildern sind zahlreiche antisemitische Gesetze und Erlasse abgedruckt, die ab 1933 in Deutschland in Kraft getreten sind und zeigen sollen, dass der Massenmord an den europäischen Juden_Jüdinnen ein schleichender Prozess war. Das Denkmal soll zum Nachdenken über die eigene potenzielle Mittäter_innenschaft anregen: »Die Texte und Bilder auf den Tafeln konfrontieren die Passanten mit der fast vergessenen Geschichte dieses Viertels«.[30] Die Passant_innen sollen sich fragen: Wie hätte ich damals gehandelt? Sie sollen die Rollen von potenziellen »Mitläufer_innen« oder Täter_innen einnehmen.[31] Von seinem pädagogischen Ansatz her setzt das Denkmal auf eine Integration der Erinnerung in den alltäglich genutzten Stadtraum, eine gute Idee, denn es wirkt der Tendenz entgegen, das Gedenken in abgetrennte (diskursive wie physische)

29 Bodemann, Y. Michal, »Ideologische Arbeit. Thesen zum jüdischen und nicht-jüdischen Gedächtnistheater in Deutschland«, in: Czollek/Salzmann (Hg.), *Desintegration*, S. 33–49, hier S. 37.

30 Stih, Renata / Schnock, Frieder, *Orte des Erinnerns. Denkmal im Bayerischen Viertel (1993)*. Online abrufbar unter: berlinc.de/remembrance [letzter Zugriff: 29.01.2021].

31 Wiedmer, Caroline, »Remembrance in Schöneberg«, in: Stih/Schnock, *Orte des Erinnerns*, 1996. Online abrufbar unter: berlinc.de/Text%20CWiedmer_.pdf [letzter Zugriff: 04.05.2021].

Räume zu schieben, als hätte es keine Verbindung mit den heutigen Lebensrealitäten des gojischen Publikums. Die sich subtil ins Blickfeld schiebenden Tafeln erzeugen einen Schockmoment, der die Vergangenheit in die Gegenwart holt und beides zu verknüpfen vermag. Das Problem ist aber, dass diese »Konfrontationspädagogik«, auch wenn sie für ein gojisches Publikum angemessen scheint, wie so oft daran scheitert, auch ein jüdisches Publikum zu imaginieren und zu überlegen, welche Wirkung ein solches Denkmal auf dieses haben kann.[32]

Hier lässt sich der Gedenkstättenbesuch wieder aufgreifen, den wir im Kapitel »Jude und Goj« bereits erwähnt haben. Oder andere pädagogische Angebote, die im Bereich der Holocaust Education eingesetzt werden, und wo selten die Frage gestellt wird, welche Effekte Gedenkstätten- und Ausstellungsbesuche oder Unterrichtseinheiten zum Nationalsozialismus, zur Schoa und zum Porajmos in der Schule auf Kinder und Jugendliche haben, die eigene Verfolgungsgeschichten in der Familie haben. Auch Romina Wiegemann und Jana Scheuring problematisieren diese Auslassung in pädagogischen Konzepten der Auseinandersetzung mit dem Nationalsozialismus und der Schoa:

> Die Perspektiven jüdischer Schüler*innen, deren Familienbiografien in den meisten Fällen eng mit der Gewaltgeschichte des Nationalsozialismus verbunden sind, die gerade auch häufig im Kontext der pädagogischen Auseinandersetzung darüber Differenz erfahren oder gar zur Zielscheibe von Antisemitismus werden, sind für all diese Überlegungen zentral. Ebenso bedeutsam sind die Perspektiven von Nachkommen anderer Opfergruppen, die in der Vergangenheit in gleicher Weise konsequent unberücksichtigt blieben.[33]

32 Coffey, Judith, »Am Bayerischen Platz«, in: Dündar, Özlem Özgül / Göhring, Mia / Othmann, Ronya / Sauer, Lea (Hg.), *FLEXEN. Flâneusen* schreiben Städte*, Berlin 2019, S. 189–192. Siehe auch: Bendkowski, Halina, »Zumutungen der Erinnerung. Jüdische Reaktionen auf das Denkmal im Bayerischen Viertel«, in: Kunstamt Schöneberg, Schöneberg Museum in Zusammenarbeit mit der Gedenkstätte Haus der Wannsee-Konferenz (Hg.), *Orte des Erinnerns. Bd. 1: Das Denkmal im Bayerischen Viertel. Beiträge zur Debatte um Denkmale und Erinnerung.* Berlin 1994, S. 120–127.

33 Wiegemann, Romina / Scheuring, Jana, »#zusammendenken – ein Angebot des Kompetenzzentrums für Prävention und Empowerment (ZWST)«, in: *Medaon* 12 (2018), H. 23, S. 1–6, hier S. 2.

Während mittlerweile zumindest die Frage nach Geschichtsvermittlung in der postmigrantischen Gesellschaft Einzug in die Fachdebatten der Holocaust Education genommen hat,[34] stehen Konzepte für eine Vermittlung vor dem Hintergrund der unterschiedlichen familienbiographischen Verfolgungsgeschichten noch aus. Selten werden die unterschiedlichen Bezüge konzeptionell mit einbezogen und didaktisch überlegt, welche (z. B. empowernden) Angebote Jugendliche bräuchten, die einen familienbiographischen Bezug zum Thema haben, in dem Verfolgung und Ermordung im Fokus steht, und wie mögliche transgenerationale Traumata behutsam mitgedacht werden können.[35]

Damit wollen wir keinesfalls sagen, dass Denkmäler, Gedenkveranstaltungen, Rituale sowie pädagogische Programme zur Geschichtsvermittlung etc. falsch sind. Vielmehr wollen wir aufzeigen, wer in diesen Maßnahmen als Akteur_innen und als Adressat_innen konstruiert und mitgedacht wird und wer als nicht anwesend erscheint. Aus welchem »wir« heraus wird erinnert? Für wen wird die Pädagogik der Erinnerung konzipiert, und wen blendet sie systematisch aus? Dafür ist es wichtig, sich die Formen des Erinnerns genauer anzusehen und sie auf ihre Gojnormativität hin zu untersuchen.

34 Vgl. z. B. Georgi, Viola B., »Jugendliche aus Einwandererfamilien und die Geschichte des Nationalsozialismus«, in: *Aus Politik und Zeitgeschichte* H. 40–41 (2003). Bonn 2003, S. 40–46. Oder: Gryglewski, Elke, »Erinnerung und Geschichtsbewusstsein in der Migrationsgesellschaft: Eine Momentaufnahme«, in: Mendel/Messerschmidt (Hg.), *Fragiler Konsens*, S. 188–199.

35 Für Überlegungen zu Methoden für empowernde und traumasensible historische Bildungsarbeit aus Romani Perspektive siehe: Ádám, Éva / RomaniPhen e. V., »Romnja und Sintize während des Porajmos«, in: Ádám, Éva / Burchardt, Anita / Friedrich, Anna (Hg.), *»Dikhen amen! Seht uns!« Praxishandbuch zum Empowerment und zur Sensibilisierung für Rassismus aus der Sicht junger Rom*nja und Sinti*ze*, Berlin 2019, S. 138–141. Online abrufbar unter: amarodrom.de/sites/default/files/files/dikhenamen_handbuch_WEB-min.pdf [letzter Zugriff: 04.05.2021]. Sowie: Weiß, Joschla Melanie, »Superheld*innen aus dem Zwangslager Berlin-Marzahn. Biografisches Theater über die Dauerausstellung«, in: Ebd., S. 145–149.

Das gojische Geißeln: Schuld, Versöhnung und Erlösung

Es ist wichtig zu erkennen, dass die Art und Weise, wie Gedenken in Deutschland funktioniert, stark christlich geprägt ist. Das gilt in besonderem Maß für die darin eingeschriebenen Diskurse von Schuld und Versöhnung bzw. Vergebung, die untrennbar mit einer christlichen Metaphysik verknüpft sind. Die anhaltende Tendenz, sich selbst zum Opfer zu stilisieren, kritisierten Jessica Jacoby und Gotlinde Magiriba Lwanga bereits Anfang der 1990er Jahre. Ihre Kritik richtete sich in erster Linie an die Frauenbewegung, als deren Teil sie sich verorteten, aber in vielerlei Hinsicht sind ihre Befunde auch für heutige queer-feministische und linke Zusammenhänge noch erschreckend zutreffend: »Jedenfalls werden wir den Verdacht nicht los, daß das, was das Opfer so attraktiv macht, seine mit ihm kulturspezifisch assoziierte moralische Dimension ist: die Unschuld.«[36] Diese Verknüpfung des Opfers mit Unschuld, aber auch mit Selbstaufgabe und bewusster Entsagung, die sie in der Figur der »weltfernen Heiligkeit der Märtyrerin«[37] verkörpert sehen, ist durch und durch christlich geprägt.

Auch die Betonung deutscher Schuld kann auf ähnliche Weise problematisch werden, so Jacoby und Lwanga weiter:

> Ein solches Überaufgebot an Schuld ist über jede Kritik erhaben, macht unantastbar. Sie gibt sich als Indiz moralischer Größe und bleibt doch eine Art Selbstbefriedigung, entschuldigt sie doch die eigene Ohnmacht als Rad im Getriebe der bösen Welt. Auch die Beichte ist schließlich ein Weg, unbeschadet ins Paradies zu kommen, zumindest für Katholiken. Beides, Opfer und Schuld können – auch wenn es paradox erscheint – als Abwehrmechanismen eingesetzt werden, um sich einer bestimmten Situation nicht zu stellen.[38]

36 Jacoby/Lwanga, »Was ›sie‹ schon immer über Antisemitismus wissen wollte«, S. 100.
37 Ebd., S. 99.
38 Ebd., S. 102.

In Kombination mit christonormativen Gedenkpraktiken[39] entsteht daraus die für das gojische Gedenken in Deutschland so charakteristische Betroffenheitsinszenierung. Dies als Inszenierung zu bezeichnen, schließt nicht aus, dass die Betroffenheit wirklich empfunden wird, im Gegenteil. Dennoch ist es eine Art des Gedenkens, die eben gojische Emotionen zentriert und nicht jüdische oder die von anderen Verfolgten- oder Nachkommengruppen. Bodemann brachte das auf einem Podium des »Desintegrations-Kongresses« auf den Punkt, indem er einen exemplarischen Gedenkakt beschrieb:

> Die Farbe des Abends ist schwarz. Schwarz sind die Jeans, die die Schüler tragen. Schwarz sind zum Teil auch ihre Hemden, und schwarz vor allem ist das Kapitel der Geschichte, das sie anprangern. ›Schwarze Milch der Frühe, wir trinken dich nachts, wir trinken dich mittags und morgens, wir trinken dich abends, wir trinken und trinken‹, sprechen die Schüler im Chor. Die Todesfuge von Paul Celan wird inszeniert.[40]

In ähnlicher Weise nutzt der Kurzfilm »Masel Tov Cocktail« von Arkadij Khaet und Mickey Paatzsch (2020) das Mittel der satirischen Überspitzung, um gojnormative Mechanismen sichtbar zu machen. Während das Bild von Farbe auf Schwarzweiß wechselt, getragene Musik einsetzt und der Protagonist Dima sich in einem Hauseingang versteckt, erläutert er:

39 Weit verbreitete christonormative Gedenkpraktiken sind etwa das Ablegen von Blumen oder gar Kränzen auf Gräbern oder an Gedenkstätten, oder das Aufstellen von Grablichtern neben Stolpersteinen. Auch das Tragen der Farbe Schwarz als Zeichen der Trauer ist Teil einer christlich geprägten Symbolik. Hier zeigt sich der normative Aspekt der Christonormativität besonders deutlich, denn den meisten Menschen ist gar nicht bewusst, dass es sich um christliche Praktiken handelt. Wenn es darum geht, angemessenes, würdiges Gedenken zum Ausdruck zu bringen, sind es christliche Praktiken, die für die meisten Menschen in Deutschland und Österreich unmittelbar und selbstverständlich als Repertoire nutzbar sind. Für manche Juden_Jüdinnen mag z. B. das Ablegen von Blumen durchaus passend und stimmig sein, doch dadurch erübrigt sich nicht die Reflexion der verdeckten Christlichkeit solcher Praktiken.

40 Schmidt, Moritz Richard, *DesintegratiЯ*, Film [Dokumentation des Desintegrations-Kongresses], 2017. Online abrufbar unter: www.youtube.com/watch?v=jIBQI17s6Do [letzter Zugriff: 29.01.2021].

> Ich bin Dima. Dimitrij Liebermann. Jaja, aber an mich russisch-jüdischen Passdeutschen denken die meisten natürlich nicht, wenn sie das Wort Jude hören. […] Im deutschen Film werden Juden meist nur in schwarz-weiß gezeigt. Wir schlagen selten zurück.[41]

Juden_Jüdinnen werden in diesen Formen des Gedenkens ausschließlich auf die Rolle des Opfers festgelegt – des passiven, erleidenden Opfers, das nicht zurückschlägt, sich nicht wehrt und auch keine Wut oder Rache empfindet. Auch Überlebende, die als Zeitzeug_innen schreiben und sprechen, werden oft von Gojim dafür gefeiert, wie versöhnlich und ohne Hass sie sich öffentlich äußern. Klar, die unglaubliche Kraft und Ausdauer, mit der viele Überlebende jahrzehntelang politische und pädagogische Arbeit leisteten, kann gar nicht genug gewürdigt werden, und jeder Modus, den sie fanden und finden, um nach der Schoa weiterleben und das ihnen Widerfahrene artikulieren zu können, ist legitim. Die Kritik richtet sich an deutsche Gojim, die diese Opfererfahrung immer wieder konsumieren und sich durch die scheinbare Abwesenheit von Hass, Wut- und Rachegefühlen im eigenen geläuterten Selbstbild bestätigt glauben.[42]

Dazu gehört auch das gefühlt seit Jahrzehnten geäußerte Raunen, dass »die Zeitzeug_innen« bald nicht mehr da sein werden und die besorgte Frage, was das für die Erinnerung an die Schoa bedeute. Selbstverständlich ändert sich etwas in Konzepten, die auf Zeitzeug_innen- und Erfahrungsberichten basieren. Projekte, die Erfahrungsberichte aus erster Hand festhalten, wie z. B. das Visual History Archive der USC Shoah Foundation oder das Archiv der Internationalen Holocaust Gedenkstätte Yad Vashem sind wichtige Ansätze, um diese Zeugnisse für die Zukunft zu bewahren. Zugleich schwingt in dieser immer wieder vorgebrachten Mahnung eine eigentümliche Verantwortungsdelegation

41 Khaet, Arkadij / Paatzsch, Mickey, *Masel Tov Cocktail*, Deutschland 2020. Online abrufbar unter: www.arte.tv/de/videos/094428-000-A/masel-tov-cocktail [letzter Zugriff: 29.01.2021], hier Minute 02:20 f.

42 Max Czollek beleuchtet diesen Aspekt in seinem Kapitel »Inglorious Poets. Rache als Selbstermächtigung«, in: Czollek, *Desintegriert Euch!*, S. 155–172.

an Überlebende mit, als ob es ihre Aufgabe wäre, die Erinnerung an ihre eigene Verfolgung wachzuhalten. Zudem erscheinen sie in dieser Interpretation überhaupt nicht als Subjekte, sondern ausschließlich in ihrer Rolle als »authentische« Geschichtsvermittler_innen, die von den Gojim gebraucht werden, um über die Schoa zu lernen. Eine erneute Funktionalisierung, wie Hannah Peaceman und Lea Wohl von Haselberg betonen:

> Die Kämpfe der Shoah-Überlebenden, insbesondere der (linker) jüdischer Intellektueller und ihrer Verbündeten um das Gedenken an den Nationalsozialismus werden in einen vermeintlichen ›Lernprozess‹ der deutschen Gesellschaft eingemeindet und damit unsichtbar gemacht – mitsamt allen Verletzungen und negativen Konsequenzen, die diejenigen zu erdulden hatten, die diese Kämpfe geführt haben.[43]

Auch Elsa Fernandez kritisiert, dass Überlebende nur als »Bildungsmöglichkeit« wahrgenommen werden, darüber hinaus jedoch selten mitgedacht wurden und werden.[44] Sie thematisiert zudem die symbolische Gewalt, die den Überlebenden angetan wird, indem sie lediglich als »Zeitzeug_innen« gesehen werden:

> Sie wird beispielsweise dann ausgeübt, wenn durch den Begriff ›Zeitzeuge‹ suggeriert wird, die ermordeten und überlebenden Gruppen hätten ihre Geschichte passiv erlebt und überlebt. Der sekundäre Antisemitismus nach 1945 folgt diesem Muster. Die Überlebenden kommen als ›Zeitzeugen‹ und nicht als Akteur*innen der Geschichte vor, obwohl sie doch die Akteur*innen ihres eigenen Überlebens waren.[45]

Aber zurück zum Versöhnungskomplex: Nicht nur werden Juden_Jüdinnen in ihrer Rolle als Überlebende bestimmte Dinge abverlangt (authentische Erzählung, keine Wut- oder Rachegedanken), mehr noch: von Juden_Jüdinnen wird, mal explizit, mal subtil, gerne Vergebung ein-

43 Peaceman, Hannah / Wohl von Haselberg, Lea, »Über die (Un–)Möglichkeiten von Solidarisierungen zwischen Betroffenen von Antisemitismus und Rassismus in Deutschland im Kontext des NSU-Komplexes«, in: *Jalta* H. 2 (2017), S. 97.
44 Fernandez, *Fragmente über das Überleben*, S. 127.
45 Ebd., S. 28.

gefordert. Jacoby und Lwanga sehen darin eine weitere Folge des christlichen Schuldkomplexes:

> Schuld bedarf, nach hiesigem Verständnis, der Vergebung, um von ihr loszukommen. Etwas doppelt Unmögliches passiert: Kinder aus Nazifamilien – oft wissen sie nicht einmal genau, was ihre Eltern in der betreffenden Zeit getan bzw. unterlassen haben – übernehmen stellvertretend deren ›Schuld‹ und fordern über das ›Schuldbekenntnis‹ Vergebung von jeder x-beliebigen Jüdin, als ob sie die Instanz wäre, die für die Toten sprechen könnte.[46]

Reiner Haseloff, der Ministerpräsident von Sachsen-Anhalt, sagte in seiner Rede an Jom Kippur in der Synagoge von Halle, anlässlich des ersten Jahrestags des Anschlags auf die Synagoge, verübt durch einen Täter mit einem geschlossenen rechtsextremen und antisemitischen Weltbild: »Was letztes Jahr geschah, wäre nicht passiert, wenn es mehr Versöhnung gegeben hätte.« Als ein Aufschrei folgte, ruderte seine PR-Abteilung zurück:

> ›Herr Haseloff meinte mit dem Begriff Versöhnung nicht das Verhältnis von Juden und Christen, sondern sprach von dem Attentäter und dessen Umfeld.‹ So habe der Prozess die Erkenntnis gebracht, dass der Attentäter schon in der Jugend ein Einzelgänger gewesen sei und sein Umfeld diese Unversöhnlichkeit mit ihm bestehen gelassen habe.[47]

Unabhängig von der Frage, was wirklich gemeint gewesen sein mag, bleibt auch diese zweite Interpretation problematisch. Sie zeigt, wie »Versöhnung« eingesetzt wird, um strukturelle Machtverhältnisse zu verdecken. Sie ist die phantasmatische Idee, dass sich alle »Konflikte« durch Versöhnung auflösen lassen. Allerdings besteht der »Konflikt« hier in beiden Interpretationen des Satzes aus mörderischem Antisemi-

46 Jacoby/Lwanga, »Was ›sie‹ schon immer über Antisemitismus wissen wollte«, S. 103.

47 Lehmann, Timo, »Wirbel um Haseloff-Besuch in jüdischer Gemeinde«, in: *Der Spiegel*, 30.09.2020. Online abrufbar unter: www.spiegel.de/panorama/gesellschaft/reiner-haseloff-in-juedischer-gemeinde-in-halle-kritik-an-besuch-zu-jom-kippur-a-ddba53fe-7a2b-48f6-9913-b9d21ff2e304 [letzter Zugriff: 21.01.2021].

tismus – der mörderische Antisemitismus der Schoa und der mörderische Antisemitismus des Täters von Halle. Jedes Sprechen von »Versöhnung« kann in diesem Zusammenhang also nur als blanker Hohn empfunden werden. Dass Haseloff und seine Mitarbeiter_innen außer Stande sind, das zu verstehen, selbst nachdem sie dafür kritisiert wurden, zeigt, wie tief das gojnormative und christonormative Denken an dieser Stelle verankert ist.

Wir haben oben bereits die Rede von Richard von Weizsäcker von 1985 und ihre Bedeutung für die Verschiebungen in erinnerungspolitischen Diskursen in Deutschland erwähnt. Zwanzig Jahre später, im Jahr 2005, fand diese Tendenz in gewisser Weise ihren Kulminationspunkt in der Eröffnung des Denkmals für die ermordeten Juden Europas. Das Denkmal wird zur vollzogenen Versöhnung und bietet damit (endlich!) die Chance auf Erlösung von der Geschichte – für die Nachkommen der Täter_innen, wohlgemerkt, denn um jüdisches Gedenken geht es hier wieder einmal nicht. So äußerte der Historiker Eberhard Jäckel anlässlich des fünften Jahrestages des Denkmals: »In anderen Ländern beneiden manche die Deutschen um dieses Denkmal. Wir können wieder aufrecht gehen, weil wir aufrichtig waren. Das ist der Sinn des Denkmals und das feiern wir.«[48] Auch Lea Rosh, die gemeinsam mit Jäckel die Errichtung des Denkmals initiiert und vorangetrieben hatte, fand: »Mit diesem Denkmal lebt es sich leichter in diesem Land.«[49] Deutlicher kann es kaum ausgedrückt werden, dass es bei dem Denkmal in keinerlei Hinsicht um das Gedenken an 6 Millionen ermordete Juden_Jüdinnen geht. Ziel des Denkmals ist vielmehr, dass sich deutsche Gojim – Nachkommen der Täter_innen – besser fühlen, dass sie freier leben können und aufrecht gehen.

48 Abdel-Samad, Hamed / Broder, Henryk M., »Von Allah bis Osama«, in: *Entweder Broder. Die Deutschland-Safari*, Staffel 1, Folge 2, ARD, 14.11.2010, Min. 05:18–05:38. Online abrufbar unter: www.youtube.com/watch?v=POMiLSd3UbU [letzter Zugriff: 06.05.2021].

49 Rosh, Lea, »Aus drei bis vier Jahren wurden siebzehn ...«, in: Stiftung Denkmal für die Ermordeten Juden Europas (Hg.), *Materialien zum Denkmal für die ermordeten Juden Europas*, Berlin 2005, S. 9–10, hier S. 9.

Die Sehnsucht nach dieser jüdischen Absolution für Deutsche wird im »Juden 4 Give«-Zertifikat satirisch auf den Punkt gebracht. In einem Online-Shop können sich Gojim ein Zertifikat bestellen, auf dem folgender Satz steht: »Zertifikat. Im Namen des Jüdischen Volkes, hiermit wird [Name] alles verziehen«. Und weiter:

> Signiert von einem koscheren Rabbiner[,] Geküsst von den zarten Lippen einer echten Überlebenden[,] Bis zu 100 % schuldfrei inkl. Holocaust[.] So einfach war Wiedergutmachung noch nie zuvor![50]

Vergessenkönnen als gojisches Privileg

Im Grunde zielen alle beschriebenen gojnormativen Mechanismen in der Gedenkpolitik auf ein gemeinsames Ziel: Irgendwie damit abschließen zu können. Sei es die Entkonkretisierung der Erinnerung, die in der Vorstellung einer vagen »Schreckensherrschaft« alles nivelliert und auch Nachkommen der Täter_innen zu »Befreiten« macht. Sei es die Transformation von Täter_innen zu Opfern, »Judenrettern« oder Meister_innen der Aufarbeitung. Sei es die christliche Idee, dass auf das Eingeständnis der Schuld zwangsläufig Vergebung und Versöhnung folgen müsse.

Juden_Jüdinnen erschweren diesen Abschluss der Geschichte durch ihre bloße Anwesenheit. Das daraus resultierende Phänomen des Schuldabwehr-Antisemitismus – d.h. Antisemitismus nicht trotz, sondern wegen Auschwitz, wie es Adorno ausdrückte – ist ausführlich und gut analysiert worden.[51] Für Delphine Horvilleur steht dieses Phänomen in Verbindung mit einem klassischen antisemitischen Stereotyp, das Juden_Jüdinnen immer ein »Mehr« an Privilegien, Macht und Geld zuschreibt.[52] Sie führt weiter aus:

50 Juden 4 Give, »Das originale Juden 4 Give Zertifikat«, in: *Juden 4 Give*. Online abrufbar unter: juden-4-give.myshopify.com [letzter Zugriff: 26.01.2021].

51 U.a. in Salzborn, *Kollektive Unschuld*.

52 Horvilleur, Delphine, *Überlegungen zur Frage des Antisemitismus*, übersetzt v. Nicola Denis, Berlin 2020, S.14.

> Sogar hier verfügen sie über ein ›Mehr‹, das uns etwas vorenthält: in jenem Überschuss an sichtbarem Leid, das uns die Frage aufdrängt, weshalb nicht auch wir die Ehre einer tränenreichen Vergangenheit gehabt haben. Deshalb tun wir uns so schwer, ihnen das Unrecht zu verzeihen, das wir ihnen angetan haben. Ihr Leid hat etwas Überschüssiges und damit Unerhörtes. Ihre Vorgeschichte als Opfer oder Diskriminierte, die sich eigentlich doch wie eine Subtraktion, ein ›Weniger als ich‹ äußern müsste, wirkt paradoxerweise wie ein ›Mehr‹, wie ein beneidenswerter Vorteil.[53]

Juden_Jüdinnen bestehen darauf, die Erinnerung gegenwärtig zu halten, gar nicht vorrangig als politische Forderung, sondern einfach dadurch, dass die familiär weitergegebenen Traumata nach wie vor sehr präsent sind, dass sie uns nicht die Wahl lassen, ob wir uns mit der Erinnerung an die Schoa beschäftigen wollen oder lieber nicht.

In der deutschen und österreichischen postnationalsozialistischen Gesellschaft ist es dringend notwendig, immer wieder öffentlich die Erinnerung an die Schoa einzufordern und vor dem Vergessen zu warnen. Doch es ist auch wichtig, sich klarzumachen, dass diese Mahnungen implizit von der Möglichkeit des Vergessens ausgehen, und dass diese Möglichkeit für die Nachkommen von Juden_Jüdinnen, Romn_ja, Sinti_zze und anderen Verfolgtengruppen nicht zur Verfügung steht. Dass es überhaupt eine Entscheidung ist, die Erinnerung wach zu halten, stellt bereits ein gojisches Privileg dar. Daran lässt sich nichts ändern, aber es wäre viel gewonnen, wenn diese Erkenntnis im erinnerungspolitischen Sprechen und Handeln mehr Raum bekäme.

Eine sehr einfache Möglichkeit schlägt Debora Antmann vor:

> ›Wc-Deutsche sollten KZ-Gedenkstätten besuchen‹, ›alle Nazi-Nachkommen sollten Stolpersteine putzen‹, ›Deutsche dürfen niemals vergessen‹: Es wäre so einfach, jene zu adressieren, die gemeint sind, statt deutsche Verantwortung allen überzustülpen und so bspw. Jüd*innen mindestens kognitiv erneut auszuradieren.[54]

53 Ebd., S. 15.

54 Antmann, Debora, »Gedenkstätten-Tohuwabohu«, in: *Missy Magazine*, 19.01.2021. Online abrufbar unter: missy-magazine.de/blog/2021/01/19/gedenkstaetten-tohuwabohu [letzter Zugriff: 21.01.2021].

Das würde zum Beispiel auch bedeuten, wie oben schon angedeutet, genau zu überlegen, wer jeweils als Akteur_innen und Adressat_innen des Gedenkens angenommen wird. Appelle auf einer Demo gegen Nazis, dass »wir Verantwortung für die Taten unserer Großeltern übernehmen müssen«, oder der auf der 9. November-Demo oft gehörte Spruch »Oma, Opa und Hans-Peter: keine Opfer sondern Täter« blockieren den Raum für u. a. jüdische Erinnerung. Solche Sprechakte produzieren einen Ausschluss an einer Stelle, an der es doch eigentlich um uns und unsere Familiengeschichten, um unsere Toten und unseren Schmerz gehen sollte. Deswegen fühlt es sich jedes Mal wie ein Schlag ins Gesicht an, diese Sätze zu hören, egal wie gut die Intentionen der Sprecher_innen sind.

Gojnormativität und rechter Terror

Auch in Erinnerungspraxen an aktuelle antisemitische Gewalt zeigt sich Gojnormativität deutlich. Viele Details in der Gestaltung der ersten Jahrestage zum Gedenken an den Anschlag in Halle illustrierten dies: In Erinnerung an die ersten Schüsse im Jahr zuvor läuteten kurz nach 12 Uhr in Halle die Kirchenglocken und die zentrale Gedenkfeier fand an einem Freitagabend in einer Kirche statt. Auch dass sich die meisten Erinnerungsrituale auf den gregorianischen und nicht den jüdischen Kalender bezogen und folglich den Jahrestag am 9. Oktober 2020 begingen, statt an Jom Kippur 5781, das 2020 auf den 27./28. September fiel, ist ein Beispiel für Gojnormativität. Der sachsen-anhaltinische Ministerpräsident besuchte an Jom Kippur ein Jahr nach dem Anschlag aus Solidarität die Jüdische Gemeinde Halle, aber war offensichtlich nicht mit den Ritualen von Jom Kippur vertraut und auch nicht dementsprechend gebrieft worden. Sein problematisches Sprechen über »Versöhnung« haben wir bereits erwähnt.

Viele der sehr aktiven Vertreter_innen der Nebenklage im Prozess gegen den Attentäter von Halle unterliefen die Funktionalisierung und traten als politische Subjekte im Prozess, aber auch in den Medien oder auf Veranstaltungen auf. Viele der rassistisch und antisemitisch angegriffenen Betroffenen solidarisierten sich untereinander und ließen sich weder spalten noch vereinnahmen. Vielmehr kritisierten sie immer wieder deutlich den Umgang des deutschen Staates mit Antisemitismus, Rassismus und Antifeminismus und forderten sowohl den Staat als auch die gesamte Gesellschaft zu entschlossenem Handeln auf.[55]

Die wichtige Solidarität untereinander, die sich hier erkennen lässt, kann im besten Fall für eine notwendige Veränderung im Umgang mit extrem rechter Gewalt stehen: Denn Juden_Jüdinnen werden heute oft nicht als Betroffene von rechtsextremer Gewalt wahrgenommen. Schon lange lässt sich in verschiedenen Abwandlungen die Redewendung von den »neuen Juden« ausmachen, die die besondere Unterdrückung und Diskriminierung einer anderen marginalisierten Gruppe zum Ausdruck bringen möchte. So kritisierte Stella Benhavio bereits in den 1990er Jahren den Ausspruch »Türken sind die Juden von heute«[56], und Ármin Langer titelte 2014 »Muslime sind die neuen Juden«[57]. Juden_Jüdinnen werden von realen Betroffenen hier zu einer Art Prototyp des Opfers stilisiert. Die Rede von den »neuen Juden« impliziert, dass entweder die lebendige Präsenz von Juden_Jüdinnen gar nicht mehr denkbar ist oder dass ihre Unterdrückung und die Bedrohung ihres Lebens ausschließlich in der Vergangenheit verortet und der Staffelstab nun einer anderen Opfergruppe übergeben wird.

55 Der Blog »Prozess Report Halle« dokumentiert die Schlussworte der Überlebenden im Prozess sowie weitere Statements und Aussagen im und außerhalb des Gerichts: *Prozess Report Halle*. Online abrufbar unter: www.halle-prozess-report.de [letzter Zugriff: 06.05.2021]. Siehe auch die Serie von Interviews, die Rachel Spicker mit einigen Nebenkläger_innen führte, z. B.: Spicker, Rachel, »›Nebenklägerin zu sein bedeutet für mich, die Deutungshoheit über meine Erinnerung zu haben‹« [Interview mit Rebecca Blady], in: *Belltower News*, 17.07.2020. Online abrufbar unter: www.belltower.news/halle-prozess-nebenklaegerin-zu-sein-bedeutet-fuer-mich-die-deutungshoheit-ueber-meine-schmerzhafte-erinnerung-zu-haben-101719/ [letzter Zugriff: 06.05.2021].
56 Benhavio, »Türkische Staatsbürgerin jüdischer Herkunft in Deutschland«, S. 70.
57 Langer, Ármin, »Muslime sind die neuen Juden. Rassismus und Antisemitismus in Deutschland«, in: *Der Tagesspiegel*, 09.09.2014. Online abrufbar unter: www.tagesspiegel.de/politik/rassismus-und-antisemitismus-in-deutschland-muslime-sind-die-neuen-juden/10669820.html [letzter Zugriff: 29.01.2021].

Das ist unter anderem deswegen möglich, weil bei der Analyse von rechtsextremen und White-Supremacist-Ideologien oft der konstitutive Anteil des Antisemitismus »vergessen« wird. So dauerte es in der linken Auseinandersetzung mit dem Nationalsozialistischen Untergrund (NSU) sehr lange, bis auch der Antisemitismus des NSU in die Analysen einbezogen wurde. Fast alle Taten des NSU hatten einen Bezug zum Nationalsozialismus und zur Schoa, auch der Name stellt diesen Bezug unmittelbar her. Zudem sind viele weitere antisemitische Aspekte bekannt, wie z. B. das antisemitische »Pogromoly-Spiel«, aus dessen Erlös sich der NSU finanzierte, oder verschiedene antisemitische Delikte, bevor das Kerntrio in den »Untergrund« ging. Das überrascht auch nicht, denn Antisemitismus ist ein konstitutiver Bestandteil rechter Ideologien. Peaceman und Wohl von Haselberg merken zudem an, dass ein Grund dafür, dass der NSU sich mit seinen Handlungen nicht gegen lebende Juden_Jüdinnen richtete, darin bestehen könnte, dass dem rechtsextremen Netzwerk kaum Wissen über heutiges jüdisches Leben zugänglich war, weil sich jenes aufgrund der erhöhten Sicherheitsmaßnahmen großteils hinter verschlossenen Türen abspielt.[58] Sie betonen:

> Wichtig ist uns, die antisemitischen Taten und Einstellungen des NSU nicht in ein Konkurrenzverhältnis zu den rassistischen Morden und Angriffen zu setzen, sondern hervorzuheben, dass die antisemitischen Bestandteile der neonazistischen Ideologie Hand in Hand mit den rassistischen Einstellungen und Anschlägen gehen.[59]

Linkes Gedenken zwischen Kritik der postnationalsozialistischen Gesellschaft und Gojnormativität

Wir haben ausgeführt, dass Juden_Jüdinnen im Erinnerungs- und Gedenkdiskurs eine bestimmte Funktion erfüllen und die gängigen Praxen

58 Peaceman/Wohl von Haselsberg, »Über die (Un-) Möglichkeiten von Solidarisierungen«, S. 99.
59 Ebd., S. 100.

von Gojim für Gojim konfiguriert sind, in denen Juden_Jüdinnen als Subjekte kaum vorkommen.

Am Beispiel der Frage Befreiung oder Niederlage haben wir aufgezeigt, dass linkes Gedenken in gewisser Weise eine ambivalente Position in Bezug auf die benannten Themenkomplexe einnimmt. Einerseits wurde in und aus linken Zusammenhängen stark gemacht, dass das öffentlich inszenierte Gedenken eher der Schuldabwehr dient als dass es eine tatsächliche Auseinandersetzung mit oder Verantwortungsübernahme für Nationalsozialismus und Schoa darstellt und dass Juden_Jüdinnen in diesen Dynamiken für den Zweck der deutschen Läuterung instrumentalisiert werden. Aus diesen linken Kontexten kommt ein großer Teil des Wissens darüber, dass aus der Schuldabwehr neben bestimmten Gedenkpraktiken auch spezifische Formen des Antisemitismus erwachsen wie zum Beispiel Schuldabwehr-Antisemitismus oder bestimmte Formen des israelbezogenen Antisemitismus. Zudem wurden viele Projekte und Gedenkveranstaltungen aus antifaschistischem Engagement heraus initiiert und durchgeführt.[60] Dies gilt es anzuerkennen und wertzuschätzen.

Viele der beschriebenen Dynamiken sind auch im linken Erinnern vorhanden, wenn zumeist in abgeschwächter Form. Manche Dinge, wie der homogenisierende Fokus auf Deutsche als Täter_innen, bringen sogar ihre eigene linke Gojnormativität mit. Daher würde auch der linken Gedenkpolitik eine Reflexion ihrer impliziten gojnormativen Strukturen nicht schaden, denn viele der oben im Allgemeinen beschriebenen Kritikpunkte gelten auch hier. Diese Anregungen formulieren wir aus

60 Beispielhaft sei hier die Gedenkveranstaltung und Gedenkdemonstration an die Novemberpogrome 1938 genannt, die seit 1990 jährlich in Moabit stattfindet und von einem antifaschistischen Bündnis organisiert wird. *»Es ist geschehen und folglich kann es wieder geschehen.« [Broschüre zu dem Gedenken an die Novemberpogrome von 1938]*, Nov. 2020. Online abrufbar unter: 9november.blogsport.eu/files/2020/10/broschuere_9_nov_a4_2020-web.pdf [letzter Zugriff: 27.04.2021]. Oder für das Gedenken an als »asozial« Verfolgte sei auf das unermüdliche ehrenamtliche Engagement der Initiative für einen Gedenkort ehemaliges Jugend-KZ Uckermark verwiesen: *Gedenkort Konzentrationslager Uckermark.* Online abrufbar unter: gedenkort-kz-uckermark.de [letzter Zugriff: 27.04.2021].

einer solidarischen Position heraus und aus einem gemeinsamen Interesse an einem inklusiven Antifaschismus, der unterschiedliche Bezüge und (familien-)biographische Hintergründe mitdenkt. Wir können den antifaschistischen und linken Impuls nachvollziehen, als Gegenreaktion zu einer dominanten Opfererzählung den Fokus auf Täter_innenschaft zu richten. Aber auch hier passiert eine Auslassung und Ausblendung von heute lebenden Juden_Jüdinnen und ihren Geschichten, wenn auch aus anderen Intentionen. Denn auch in linken Zusammenhängen gibt es Juden_Jüdinnen mit ihren diversen Geschichten und sie müssen als Subjekte in den Debatten und Praxen mitgedacht werden.

Fragen, die sich für uns aus diesem Kapitel ergeben, sind: Welche Funktion und welche Form sollte ein Erinnern und Gedenken an die Schoa haben und wer sind darin die Akteur_innen? Wer erinnert sich und in welcher Form? Welche Rolle haben im Gedenkdiskurs diejenigen, an die zu diesen Ereignissen gedacht wird? Welche Rolle wird ihnen zugestanden? Wie kann es so gestaltet sein, dass es auch für Juden_Jüdinnen empowernd ist?

7. IN DER GOJISCHEN KOMFORTZONE: ABWEHR VON ANTISEMITISMUSKRITIK

Das Attentat von Halle im Oktober 2019.

Die ständig wachsende Zahl an Verschwörungserzählungen, die »den Juden« die Schuld an der Coronavirus-Pandemie, dem Kapitalismus und vielem mehr geben, gipfelnd in dem jahrtausende-alten antisemitischen Bild vom Kinderblut-trinkenden Juden, das seit 2017 in der QAnon-Verschwörungsideologie eine Renaissance feiert.[1]

Menschen, die sich einen gelben Stern mit der Aufschrift »ungeimpft« anheften: Unerträgliche Bagatellisierung der Verfolgung und Vernichtung von Juden_Jüdinnen durch die Nationalsozialist_innen.[2]

In den Jahren davor:

Juden_Jüdinnen mit jüdischer Pride-Fahne, die vom Pride March in Chicago ausgeschlossen wurden, weil der blaue Davidstern nicht als jüdisches, sondern als Symbol für Israel gelesen und Israel als ultimativer Aggressor dämonisiert wurde.[3]

Mehrere der Hauptorganisator_innen des Women's March in den USA, die immer wieder Unterstützung für Louis Farrakhan und seine Nation of Islam äußerten.[4]

Linke Aktivist_innen in den USA, die nach dem Mord an George Floyd behaupteten, US-Polizist_innen hätten die entsprechenden Techniken bei Trainings in Israel gelernt.[5]

1 Potter, »Neue Märchen, alte Gefahren«.

2 Rafael, Simone, »Warum ist es antisemitisch, wenn sich ›Impfgegner*innen‹ einen Davidstern mit ›ungeimpft‹ an die Brust stecken?«, in: *Belltower News*, 19.05.2020. Online abrufbar unter: www.belltower.news/erklaert-warum-ist-es-antisemitisch-wenn-sich-impfgegnerinnen-einen-davidstern-mit-ungeimpft-an-die-brust-stecken-99575 [letzter Zugriff: 31.01.2021].

3 Stögner, »Wie inklusiv ist Intersektionalität?«, S. 386.

4 Arnold, Sina, »Kooperation und Konflikt. Über das Verhältnis zwischen Schwarzen und Jüdinnen und Juden in den USA«, in: *Jungle World* H. 29, 16.07.2020. Online abrufbar unter: jungle.world/artikel/2020/29/kooperation-und-konflikt [letzter Zugriff: 30.01.2021].

5 Ebd.

Mitunter fast wöchentlich ein neuer antisemitischer Vorfall in der britischen Labour-Partei unter Jeremy Corbyn.[6]

Attentate in Paris und Pittsburgh, aber auch die antisemitische Fundierung der rassistischen Anschläge in Christchurch und Oslo durch das Narrativ vom »großen Austausch«[7] sowie das antisemitische Weltbild des NSU[8].

Angriffe gegen Juden_Jüdinnen und jüdische Einrichtungen in Deutschland, immer schon und immer wieder.[9]

Das ist eine subjektive Aufzählung der antisemitischen Vorfälle, die uns aktuell beschäftigen und in den letzten Jahren beschäftigt haben. Sie ist alles andere als vollständig, denn der Antisemitismus ist so allgegenwärtig, dass wir uns an vieles schon gar nicht mehr erinnern können. Sowieso soll es hier nicht darum gehen, eine wie auch immer geartete Chronik des aktuellen Antisemitismus zu erstellen. Die Aufzählung stellt lediglich den Versuch dar, annähernd begreiflich zu machen, wie bedrohlich und allgegenwärtig Antisemitismus sich anfühlt. Auch das ist subjektiv, aber: Für uns nimmt das Gefühl der Bedrohung seit einigen Jahren kontinuierlich zu. Und zwar bereits vor dem Attentat in Halle.

Zeitgleich mit der zunehmenden Präsenz und Schärfe von Antisemitismus scheinen jedoch das Wissen über Antisemitismus, der Wille zur Auseinandersetzung damit und folglich die öffentliche Themati-

6 Hirsh, David, *Contemporary Left Antisemitism*, Milton Park / New York 2018. Khan-Harris, Keith, *Strange Hate. Antisemitism, Racism and the Limits of Diversity*, London 2019.

7 Goetz, Judith / Winkler, Alexander, »Der Mythos vom ›Großen Austausch‹«, in: BdWi/fzs/GEW/ÖH (Hg.), *Wissenschaft von rechts II. Rechter Kulturkampf in Hochschule und Bildung*, Marburg 2020 (= BdWi-Studienheft 12). Online abrufbar unter: www.bdwi.de/forum/archiv/uebersicht/10830040.html [letzter Zugriff: 10.05.2021].

8 Peaceman, Hannah, »Der Antisemitismus des NSU – Sichtbarmachung und Verortung im Kontext rassismus- und antisemitismuskritischer Bildungsarbeit«, in: Amadeu Antonio Stiftung, Fachstelle Gender, GMF und Rechtsextremismus (Hg.), *Le_rstellen im NSU-Komplex. Geschlecht, Rassismus, Antisemitismus*, Berlin [2018], S. 49–52. Online abrufbar unter: www.amadeu-antonio-stiftung.de/wp-content/uploads/2018/08/nsu_leerstellen_internet-1.pdf [letzter Zugriff: 30.01.2021].

9 Steinke, *Terror gegen Juden*.

sierbarkeit von Antisemitismus rasant abzunehmen. Das erzeugt seltsame Knoten im Kopf und lässt manchmal Zweifel an der eigenen Wahrnehmung aufkommen, denn: Wie kann es sein, dass ich die einzige bin, die den Antisemitismus in aller Deutlichkeit wahrnimmt? Warum finden das so viele der Menschen, denen ich mich ansonsten politisch verbunden fühle, irrelevant? Vielleicht bin ich doch überempfindlich?!?

Eine mögliche Erklärung für die Schwierigkeiten bei der Wahrnehmung und Thematisierung von Antisemitismus ist, dass Antisemitismus oft in Form von Andeutungen, Codes oder Chiffren vorkommt. Oft wird eben nicht offen gegen Juden_Jüdinnen gehetzt, sondern gegen »die Rothschilds«, »die Heuschrecken«, »die da oben«. Der Vorwurf des Antisemitismus kann dann leicht zurückgewiesen werden, und der Versuch, den antisemitischen Gehalt zu belegen, mündet oft in defensiver Kleinteiligkeit. Aufgrund dieser (vermeintlichen oder tatsächlichen) Schwierigkeiten beim Erkennen von Antisemitismus kann der Gebrauch antisemitischer Bilder und Codes leicht mit Unwissen entschuldigt werden. Oder es kann gefolgert werden, dass es nur bessere Aufklärung und Information bräuchte, um ein Bewusstsein für die Vielfalt und Beharrlichkeit antisemitischer Erzählungen zu schaffen.

Bildungsarbeit ist wichtig, klar, und Hut ab vor den Leuten, die sich dieser harten und belastenden Arbeit widmen, vor allem wenn sie dies aus jüdischer Perspektive tun. Aber wir haben es satt, darauf zu warten, dass Leute begreifen, was Antisemitismus ist. Noch mehr haben wir es satt, uns dafür verantwortlich zu fühlen, das Wissen so aufzubereiten, dass Leute sich dazu bequemen, es aufzunehmen. Analysen der verschiedenen Erscheinungsformen und Funktionsweisen von Antisemitismus gibt es in Hülle und Fülle, und so kompliziert ist es nun auch wieder nicht. Ganz davon abgesehen stellt sich die Frage, ob alleinige Wissensvermittlung beim Abbau von Antisemitismus oder anderen Herrschaftsverhältnissen ausreicht. Vielen Menschen mangelt es zudem nicht an Wissen oder Zugang zu Wissen. Anders gesagt: Viele Menschen sind antisemitisch, obwohl sie es besser wissen (könnten). Daher geraten auch Bildungsansätze an ihre Grenzen, die alleinig auf Wissensvermittlung abzielen. Vielmehr könnte gefragt werden, welche subjektiven

Funktionen ein antisemitisches Weltbild für das einzelne Individuum erfüllt.[10]

Wenn Leute, die sich als progressiv verstehen, sich der Auseinandersetzung mit Antisemitismus verweigern, dann gibt es zwei Möglichkeiten: Entweder sie positionieren sich bewusst und absichtlich antisemitisch. Oder sie haben es sich in der gojischen Komfortzone gemütlich gemacht, weil ihnen »das alles zu kompliziert« ist. Dieses Verharren in der Komfortzone bedeutet, dass Antisemitismus ungebrochen stattfinden kann und Betroffene in ihrem Erleben von Antisemitismus alleine gelassen werden. Doch die Komfortzone wird nicht nur passiv bewohnt, sondern durchaus aktiv abgesichert und verteidigt. Dafür kommen eine Reihe von Abwehrstrategien zum Einsatz.

Um solche Mechanismen und Strategien geht es in diesem Kapitel und darum, wie sie das Sprechen über Antisemitismus erschweren oder gar unmöglich machen. Abwehrstrategien werden oft bewusst oder unbewusst eingesetzt, wenn eine Person, eine Gruppe, ein Text, eine Aussage, eine Handlung usw. als antisemitisch kritisiert werden. Indem der Vorwurf des Antisemitismus zurückgewiesen wird, wird die Auseinandersetzung mit Antisemitismus vermieden und die Gojnormativität aufrechterhalten und verteidigt. Hier zeigt sich deutlich, wie die gojnormative Ordnung der Aufrechterhaltung des antisemitischen Normalzustands dient. Insofern stellt die Auseinandersetzung mit Abwehrmechanismen und ihren Funktionsweisen einen wichtigen Aspekt der Gojnormativitätskritik dar. Wir greifen deshalb in diesem Kapitel einige der Thematiken und Analysen der vorangegangenen Kapitel erneut auf, um aufzuzeigen, in welcher Weise darin auch Elemente der Abwehr der Auseinandersetzung mit Antisemitismus stecken.

Viele der Begriffe, die wir nutzen, um Gojnormativität in der Auseinandersetzung mit Antisemitismus zu benennen und zu kritisieren, verdanken wir der rassismuskritischen Analyse *weißer* Abwehrstrategien.

10 Debus, Katharina, »Rechtsextremismus als Suche nach Handlungsfähigkeit? Subjektive Funktionalität von Verhalten als Ausgangspunkt von Rechtsextremismusprävention«, in: Debus, Katharina / Laumann, Vivien (Hg.), *Rechtsextremismus, Prävention und Geschlecht. Vielfalt_Macht_Pädagogik*, Düsseldorf 2014, S. 57–95.

Unsere Absicht dabei ist nicht, uns Begriffe anzueignen. Im Gegenteil, wir verbinden damit eine Wertschätzung für die wichtige Wissens- und Theorieproduktion aus migrantischer und BIPoC Perspektive, und die Hoffnung auf zukünftige Bündnis- und Solidarisierungsmöglichkeiten. Was das Kapitel nicht leisten kann und will, ist eine Analyse von Antisemitismus in seinen verschiedenen Formen. Dazu gibt es, wie gesagt, bereits eine Vielzahl an Texten und anderen konsumierbaren Medien, vom Missy-Magazine-Dossier[11] bis hin zu wissenschaftlichen Werken[12].

In diesem und im folgenden Kapitel geht es uns darum, genauer zu betrachten, wie Gojim in Deutschland und Österreich auf Antisemitismus reagieren. Wie sie ihn zum Beispiel ignorieren, kleinreden und relativieren. Aber auch, wie sie Antisemitismus als Thema besetzen, auf eine Weise, die den Raum für Betroffenenperspektiven eher verkleinert als öffnet. Dass die Ablehnung von Antisemitismus in Deutschland zur gojischen Staatsräson zu gehören scheint, erschwert die Thematisierung von Antisemitismus paradoxerweise zusätzlich. Letztendlich fordern wir von gojischer Seite eine Reflexion der eigenen Positionierung und der damit verbundenen Privilegien und Machtposition.

Abwehrmechanismen

»Über Juden wird doch ohnehin die ganze Zeit geredet.«
»Sei nicht so überempfindlich.«
»Müsst ihr euch immer in den Vordergrund drängen?«
»Kommt mal raus aus der Opferrolle, andere werden viel krasser verfolgt als ihr.«
»Xy ist auch Jude und findet nicht, dass das antisemitisch ist.«

11 »Dossier Antisemitismus. 20 Seiten über eine irrationale Ideologie«, in: *Missy Magazine* H. 1 (2018), S. 50–69.

12 Die Expertise von Anne Goldenbogen und Sarah Kleinmann bietet einen guten Überblick über Forschung zu Antisemitismus sowie viele Quellen und Literaturverweise zum Weiterlesen. Siehe Goldenbogen/Kleinmann, *Aktueller Antisemitismus in Deutschland.*

»Es gibt doch gar keine Juden mehr.«
»Es muss doch erlaubt sein, Israel zu kritisieren.«
»Sei nicht so kleinlich, du musst ja nicht jedes Wort auf die Goldwaage legen.«
»Den Juden wird doch die ganze Zeit alles hinterhergeschmissen.«
»Die Juden sind doch sowieso voll privilegiert.«
»Das mit dem Nahostkonflikt ist so ein Minenfeld, da kann man nur alles falsch machen, also lasse ich lieber die Finger davon.«

Abwehrstrategien weisen deutlich darauf hin, dass es ein Problem gibt. Der Mechanismus ist von verschiedenen Herrschaftsverhältnissen bekannt. Umso erstaunlicher ist, dass es selbst intersektional denkenden Linken schwer zu fallen scheint, sie zu erkennen, wenn es um Antisemitismus geht.[13] Der Mangel an Reflexion, der darin deutlich wird, ist ein Effekt der Gojnormativität.

Wir unterscheiden im Folgenden zwischen allgemeinen und spezifischen Abwehrstrategien. Allgemeine Abwehrstrategien finden nicht nur in Bezug auf Antisemitismus Anwendung, sondern können quasi universell eingesetzt werden, um die Auseinandersetzung mit der eigenen Sprache, dem eigenen Verhalten, der eigenen privilegierten Position innerhalb gesellschaftlicher Herrschaftsverhältnisse oder auch einfach die Konfrontation mit komplexen Realitäten zu vermeiden. Spezifische Abwehrstrategien hingegen sind für die Abwehr von Antisemitismus optimiert. Das geschieht oft dadurch, dass sie antisemitische Stereotype und Bilder mit aufgreifen.

Allgemeine Abwehrstrategien stufen »das Problem« (Antisemitismus, Rassismus, Sexismus, Queerfeindlichkeit, Ableismus …) als un-

13 Auch die Thematisierung von anderen Herrschaftsverhältnissen in linken Zusammenhängen kann auf vehemente Abwehr stoßen. Gerade in Bezug auf Rassismus sind die Abwehrstrategien und ihre Gewaltförmigkeit nach wie vor extrem ausgeprägt. Zum Weiterlesen siehe z. B. das Kapitel »Abwehrmechanismen von Happyland« in Ogette, Tupoka, *exit RACISM. rassismuskritisch denken lernen*, Münster 2017, S. 27–32; oder Hasters, Alice, *Was weiße Menschen nicht über Rassismus hören wollen aber wissen sollten*, München 2019, S. 39. Ogette und Hasters beziehen sich in ihren Büchern zwar nicht explizit auf linke Kontexte, viele der beschriebenen Mechanismen finden sich allerdings auch dort.

wichtig ein, reden es klein, zweifeln die Relevanz an, relativieren und bagatellisieren:

»Darum geht es doch jetzt nicht.«
»Haben wir nicht wichtigere Probleme?«
»Das kommt mir etwas aufgebauscht vor.«
»Ich weiß nicht, ob das wirklich so ein großes Problem ist.«
»Das war doch bestimmt nicht so gemeint.«
»Sollten wir uns nicht lieber mit Sexismus / Rassismus / der Abschaffung des kapitalistischen Systems / … beschäftigen?«

Wir könnten noch viele weitere Beispiele nennen, aber sicherlich sind alle in der Lage, diese Litanei selbst fortzusetzen, denn die meisten von uns sind dieser Art der Abwehr schon begegnet, sei es beim Versuch der Thematisierung von sexistischer oder rassistischer Sprache am Arbeitsplatz, sei es beim Ansprechen fehlender Repräsentanz und ausgeblendeter Realitäten in politischen Organisationskontexten. Diese Art der Reaktion auf das Ansprechen und Kritisieren struktureller Unterdrückung ist so allgegenwärtig, dass ihre Beschreibung schon fast banal wirkt.

Diese Abwehrmechanismen sind vor allem deswegen sehr belastend, weil sie die Wahrnehmung der Betroffenen in Frage stellen. Sie werden als überempfindlich dargestellt, ihnen wird Übertreibung unterstellt:

»Jetzt mach' doch mal nicht so ein Drama draus.«
»Du siehst aber auch überall nur noch Sexismus / Rassismus / Antisemitismus.«
»Das ist jetzt echt ein bisschen übertrieben, findest du nicht?«
»Das war doch sicher nicht so gemeint, da musst du nicht gleich böse Absichten vermuten.«
»Komm' jetzt nicht schon wieder mit der Antisemitismuskeule.«

Betroffene werden auf diese Weise immer wieder in Situationen gedrängt, in denen sie beweisen müssen, dass etwas wirklich und ohne Zweifel klassistisch, antisemitisch, ableistisch usw. ist. Statt in einer emotional ohnehin belastenden Situation Unterstützung zu erhalten, werden sie kritisch be- und hinterfragt. Schlimmer noch, dieser Befragung liegt unterschwellig ein Misstrauen gegenüber der Wahrnehmung der Person zugrunde, manchmal sogar der Verdacht, sie verfolge andere Absichten – etwa, sich in den Vordergrund zu drängen oder andere zu diskreditieren.

Dabei könnten Menschen, die von einer Diskriminierung betroffen sind, eigentlich als Expert_innen für diese gelten, denn sie haben meist wohl oder übel ein feines Sensorium dafür entwickelt, wann etwa die zweideutige Bemerkung und der komische Blick als sexistisch einzustufen sind. Dennoch sind die meisten von uns nur allzu vertraut damit, dass wir als Betroffene uns selbst fragen: War das jetzt wirklich sexistisch oder antisemitisch? Reicht das aus, um Aufruhr zu verursachen? Tue ich damit nicht möglicherweise jemandem Unrecht? Vielleicht war alles nicht so gemeint?

Diese Zweifel werden verstärkt, wenn das Umfeld auf jede Thematisierung eine Art Verhör folgen lässt, in dem von der betroffenen Person verlangt wird, sofort eine perfekte und ruhig-rational vorgetragene Analyse zu liefern. Denn auch für Verletzungen, Sprachlosigkeit oder Wut ist meist kein Platz. Im Gegenteil, wer laut oder ausfallend wird, hat schon verloren. Doch auch das ist eine Abwehrstrategie, die oft als »tone policing« oder als das »Ton-Argument« bezeichnet wird. Dabei wird dem eigentlichen Thema ausgewichen, indem die Diskussion auf eine andere Ebene verschoben wird, wie Michaela Dudley erläutert:

> Tone Policing ist eine Art zu sagen: Ich höre dir nicht zu. Die Debatte wird quasi wegen Formalitäten vertagt: Diese Diskussion führen wir heute nicht, weil du das Formular nicht richtig ausgefüllt hast.[14]

Dabei wird vor allem Menschen, die in einer Auseinandersetzung in wenig machtvollen Positionen sind, allzu große Emotionalität vorgeworfen. Vermeintliche Neutralität und Sachlichkeit wird hingegen als Norm gesetzt, und das Einhalten dieser Norm wird zur Voraussetzung für die Bereitschaft des Gegenübers erklärt, sich mit den Inhalten der Aussage auseinanderzusetzen. Doch wie kann es sein, dass beispielsweise ein cis

14 Awounou, Philipp, »Michaela Dudley über Tone Policing. ›Manchmal muss man sich im Ton vergreifen dürfen‹«, in: *ze.tt*, 29.11.2020. Online abrufbar unter: ze.tt/michaela-dudley-ueber-tone-policing-manchmal-muss-man-sich-im-ton-vergreifen-duerfen [letzter Zugriff: 11.05.2021].

Mann, der für eine sexistische Aussage kritisiert wird, die Bedingungen bestimmen darf, unter denen er bereit ist, diese Kritik überhaupt zur Kenntnis zu nehmen?

»Chefsache« Antisemitismus?

In Bezug auf Antisemitismus existiert eine besondere Form des »Überempfindlichkeits-Arguments«: *»Die Juden wollen sich nur wichtig machen«*. Hier vereint sich die allgemeine Unterstellung unlauterer Absichten mit dem spezifisch antisemitischen Stereotyp der machtgierigen, auf eigenen Vorteil bedachten, Intrigen spinnenden Juden_Jüdinnen. Damit wären wir beim Thema der spezifisch auf die Abwehr der Auseinandersetzung mit Antisemitismus ausgerichteten Strategien.

Von der Unterstellung jüdischer Geltungssucht ist es ein kleiner Schritt bis zum Phantasma jüdischer Privilegien, auf das wir bereits im Kapitel zu Sichtbarkeiten und Unsichtbarkeiten von Juden_Jüdinnen eingegangen sind: *»Die Juden sind doch ohnehin so privilegiert«*. Es sollte offensichtlich sein, dass hier das zentrale Kernelement des modernen Antisemitismus offen zutage liegt: Die wahnhafte Assoziation von Juden_Jüdinnen mit Macht, Geld, Einfluss und Privilegien. Dennoch wird mit dieser Argumentation, oder Abwandlungen davon, die Thematisierung von Antisemitismus zum Schweigen gebracht, für unwichtig erklärt, als Nebenwiderspruch deklariert, oder die Existenz von Antisemitismus gleich direkt geleugnet. Und das durchaus auch von linker Seite.

Eine spezifische Form nimmt das Phantasma der jüdischen Privilegien in Deutschland an. Gefühlte Realität ist für viele Menschen, dass in Deutschland Antisemitismus ständig thematisiert und streng geahndet werde. Dass jüdische Einrichtungen gut geschützt sowie Juden_Jüdinnen finanziell und symbolisch in allen nur erdenklichen Dingen unterstützt würden. Dass die Schoa während der Schulzeit jedes Jahr im Unterricht behandelt wurde. Dass Juden_Jüdinnen als deutsche Lieblingsminderheit von der gojischen Gesellschaft gehegt und gepflegt würden. Während gleichzeitig rassistische Überfälle, rassistische Sprache, rassistische Strukturen bei der Polizei und in der Gesellschaft allgemein ignoriert und geleugnet werden. Während zudem eklatante Versäumnisse bei der Auseinandersetzung mit deutscher Kolonialgeschichte und der daraus erwachsenden gegenwärtigen Konsequenzen bestehen.

Um es ganz deutlich zu sagen: Es ist unerträglich, dass Sinti_zze und Rom_nja als Opfer der nationalsozialistischen Vernichtungspolitik nach wie vor unsichtbar gemacht und gleichzeitig massiv rassistisch diskriminiert werden. Wir sind wütend, dass die deutsche Kolonialgeschichte und ihre Verbrechen erst seit kurzer Zeit und immer noch viel zu wenig Thema des öffentlichen Diskurses sind und dass in der Auseinandersetzung mit rassistischen Strukturen in Deutschland so unglaublich wenig geschieht. Doch in keinerlei Weise lassen sich diese Verhältnisse auf eine vermeintliche Privilegierung von Juden_Jüdinnen zurückführen. Denn das Phantasma jüdischer Privilegien ist in Deutschland genau das: Ein Phantasma.

Der deutsche Staat inszeniert sich gerne als Beschützer von Juden_Jüdinnen, aber für deren verlässlichen Schutz wird nicht gesorgt, wie wir ausführlich dargelegt haben. In vielen Fällen müssen die Gemeinden bauliche Veränderungen und Sicherheitspersonal sogar selbst bzw. aus Spenden finanzieren – als wären Juden_Jüdinnen selbst schuld, dass sie in Deutschland nur unter extremen Sicherheitsvorkehrungen sichtbar leben können. Oder als wäre es irgendwie erstrebenswert, sich auf Panzerglas oder Sicherheitspersonal verlassen zu müssen.

Laura Cazés beschreibt nach dem Anschlag in Halle die verschobene Darstellung in Bezug auf Sicherheitsvorkehrungen vor jüdischen Einrichtungen:

> Der Schock kam außerdem daher, weil sich bestätigt hat, dass die vermeintliche ›jüdische Paranoia‹, diese latente Angst, nicht irrational, sondern durch die tatsächliche Sicherheitslage begründet ist. Terror ist ein Phänomen, dem die jüdische Community immer ausgesetzt ist. Dazu gibt es keine naive Haltung. [...] Die gesellschaftliche Wahrnehmung, die jüdische Gemeinde bräuchte eine ›Extrabehandlung‹, ist etwas, was mich sehr beschäftigt, weil es eine total verzerrte Wahrnehmung der Situation ist. Es wird nicht skandalisiert, dass diese Sicherheitsvorkehrungen notwendig sind und es nicht mög-

lich ist, eine Gesellschaftsordnung herzustellen, in der jüdische Kinder sicher zur Schule gehen können.[15]

Doch ungeachtet dieser Realitäten wird Antisemitismus in Deutschland offiziell als »Chefsache« deklariert, und bei bekannt gewordenen antisemitischen Vorfällen darf das »Who is Who« der deutschen Politik Entsetzen und Betroffenheit äußern. Zu einer wirklichen Auseinandersetzung mit antisemitischen Strukturen führt das jedoch nicht. Stattdessen gibt es bei jedem Vorfall die immer gleichen Floskeln des Entsetzens und der tiefen Betroffenheit zu hören. Das ist so vorhersehbar, dass Chajm Guski ein Bingo mit den gängigen »Reaktionen auf Antisemitismus« erstellt hat.[16]

Die Leere und Folgenlosigkeit der Floskeln sind ermüdend. Vor allem aber hat diese Performance der absoluten Ächtung von Antisemitismus einen gegenteiligen Effekt. Es wirkt nur an der Oberfläche so, als würde über Antisemitismus gesprochen, doch es geht dabei in aller Regel nicht um Antisemitismus als erlebte Diskriminierung und Bedrohung. Als Beispiel für diesen Komplex der gleichzeitigen Skandalisierung und De-Thematisierung von Antisemitismus können die Reaktionen auf eine Aussage von »Fridays for Future«-Aktivistin Luisa Neubauer über den früheren Verfassungsschutz-Präsidenten Hans-Georg Maaßen fungieren. Neubauer kritisierte Maaßen im Mai 2021 in der ARD-Talkshow »Anne Will« für das Verbreiten rassistischer und antisemitischer Inhalte.[17] Armin Laschet, Kanzlerkandidat der CDU, ebenfalls in der Show zu

15 Caldart, Isabella A., »›Jüdisch zu sein bedeutet ganz viel Unterschiedliches.‹ [Interview mit Laura Cazés]«, in: *neues deutschland*, 16.04.2021. Online abrufbar unter: www.neues-deutschland.de/artikel/1150842.judentum-juedisch-zu-sein-bedeutet-ganz-viel-unterschiedliches.html [letzter Zugriff: 13.05.2021].

16 Guski, Chajim, »Reaktionen auf Antisemitismus-Bingo«, in: *Chaijms Sicht*, 06.10.2020. Online abrufbar unter: www.sprachkasse.de/blog/2020/10/06/reaktionen-auf-antisemitismus-bingo [letzter Zugriff: 20.01.2021].

17 »Maaßen weist Antisemitismusvorwurf zurück«, in: *Der Spiegel*, 10.05.2021. Online abrufbar unter: www.spiegel.de/politik/deutschland/hans-georg-maassen-weist-antisemitismus-vorwurf-zurueck-a-7e2de3de-fa5f-43af-b1ce-206d4f8c3a39 [letzter Zugriff: 11.05.2021].

Gast, forderte entrüstet Beweise und beteuerte, Maaßen sei kein Antisemit, denn wenn er es wäre, müsste er aus der Partei ausgeschlossen werden.[18] Die Artikel, die am nächsten Tag in der Presse erschienen, drehten sich um die Frage: Ist Maaßen Antisemit? Der Tagesspiegel legte beispielsweise deutlich dar, wie Maaßen Verschwörungserzählungen und antisemitische Codes bedient, folgerte daraus jedoch:

> Aber reichen die Indizien, um Neubauers Vorwürfe gegen Maaßen zu belegen? [...] Belege dafür, Maaßen sei ein Antisemit, gibt es nicht. Weder in seiner Zeit als Präsident des BfV noch danach hat Maaßen einen Zweifel an der Verurteilung von Judenhass und Israelfeindschaft zugelassen.[19]

Diese Argumentation ist typisch für solche Debatten, und gleichzeitig ist sie an Absurdität kaum zu übertreffen, denn: Das Verwenden antisemitischer Codes ist kein »Indiz« für Antisemitismus, es *ist* Antisemitismus, egal ob Maaßen von sich selbst sagt, dass er »Judenhass« und »Israelfeindschaft« verurteile. Doch es geht hier gar nicht mehr darum, ob Maaßen antisemitische Inhalte verbreitet hat, es geht nur noch darum, ob der Antisemitismusvorwurf gegen Maaßen gerechtfertigt ist. Antisemitismus wird als inakzeptabel definiert – er würde zum Parteiausschluss führen –, daraus entsteht aber keine Auseinandersetzung mit Antisemitismus und kein Bewusstsein für dessen Funktionsweisen. Stattdessen wird der Antisemitismus*vorwurf* als besonders schwerwiegende Anschuldigung begriffen. So warnte auch der Antisemitismusbeauftragte der deutschen Bundesregierung, Felix Klein:

> Der Antisemitismus-Vorwurf ist ein scharfes Schwert und erfordert klare und eindeutige Belege. Wer diesen Vorwurf anführt, sollte sich seiner Verantwortung für die deutsche Geschichte bewusst sein.[20]

18 »Was ist dran am Vorwurf gegen Hans-Georg Maaßen?«, in: *Der Tagesspiegel*, 10.05.2021. Online abrufbar unter: www.tagesspiegel.de/politik/verbreitet-antisemitische-und-rassistische-inhalte-was-ist-dran-am-vorwurf-gegen-hans-georg-maassen/27177770.html [letzter Zugriff: 11.05.2021].

19 Ebd.

20 »Felix Klein. ›Der Antisemitismus-Vorwurf ist ein scharfes Schwert‹«, in: *Jüdische Allgemeine*, 11.05.2021. Online abrufbar unter: www.juedische-allgemeine.de/politik/der

Wieder einmal wird deutlich, dass es bei der Ächtung von Antisemitismus überhaupt nicht um die Perspektiven von Betroffenen geht. Denn selbstverständlich sollte jeder Vorwurf, der gegen eine andere Person erhoben wird, begründet werden. Im Fall von Maaßen gibt es eine Vielzahl von Belegen und Quellen,[21] doch anstatt über die Inhalte zu sprechen, wird der »Antisemitismusvorwurf« mit der geballten Wucht der deutschen Schuld und Schuldabwehr aufgeladen, als ginge es lediglich um einen Spielzug im Gedächtnistheater – oder ein Manöver im Duell, um bei Kleins Schwert-Symbolik zu bleiben. Mit Marina Chernivsky lässt sich diese Art des Diskurses als »Antisemitismus ohne Antisemiten«[22] bezeichnen. Die Hürde für die Thematisierung von Antisemitismus wird so hoch gelegt, dass der alltägliche, konstante, allgegenwärtige Antisemitismus unbesprechbar gemacht wird. Als sei es erst zweifelsfrei Antisemitismus, wenn es um das Töten von Juden_Jüdinnen geht. Ohnehin stellt sich die Frage: Warum sollten diejenigen, die Antisemitismus kritisieren, für die deutsche Geschichte Verantwortung übernehmen? Bestünde diese Verantwortung nicht eher darin, jeden Antisemitismus zu vermeiden und zu bekämpfen sowie antisemitische Aussagen zu unterlassen?

Doch es geht hier offensichtlich nicht darum, die Kontinuität der Existenz von Antisemitismus in Deutschland anzuerkennen und auf Basis einer Analyse sinnvolle Schritte zur Bekämpfung antisemitischer (Welt-) Bilder und zur Verhinderung antisemitischen Terrors zu unternehmen. Nein, es geht einzig und allein darum, dass das gojische Deutschland sich selbst versichert, aus der Geschichte gelernt zu haben,

-antisemitismus-vorwurf-ist-ein-scharfes-schwert/?fbclid=IwAR3kISYJdmMrOzPG58R0_nZIM9QIeCwGHLlVGJ86_CKf04vODZU4gEm9XLg [letzter Zugriff: 11.05.2021].

21 Zusammenfassend siehe dazu: Husemann, Felix / Sternberg, Jan, »Verbreitet Hans-Georg Maaßen antisemitische Inhalte? Das ist an dem Vorwurf dran«, in: *Redaktionsnetzwerk Deutschland*, 10.05.2021. Online abrufbar unter: www.rnd.de/politik/luisa-neubauer-gegen-hans-georg-maassen-was-ist-an-dem-antisemitismus-vorwurf-dran-3LRKI2EAKZAONMNGHRPEPKY6JU.html [letzter Zugriff: 11.05.2021].

22 Chernivsky, Marina, »Keynote«, in: Kompetenzzentrum Prävention und Empowerment (Hg.), *Vom Sprechen und Schweigen über Antisemitismus*, Frankfurt a. M. 2017, S. 6–9. Online abrufbar unter: zwst-kompetenzzentrum.de/wp-content/uploads/2019/03/Vom-Sprechen-und-Schweigen-u%CC%88ber-Antisemitismus.pdf [letzter Zugriff: 12.05.2021].

weswegen es keinen Antisemitismus geben darf, weswegen beständig Erstaunen, Überraschung, Entsetzen performt werden muss. Denn wo es keinen Antisemitismus geben darf, da gibt es auch keinen. Umso unwidersprochener wird Antisemitismus im Alltag ausgeübt. Die scheinbare Überthematisierung und scharfe Verurteilung von Antisemitismus in Deutschland ist also paradoxerweise eine Abwehrstrategie, die es erlaubt, Antisemitismus zu de-thematisieren und zu tabuisieren.

Rassistische Instrumentalisierung von Antisemitismuskritik

Ein zusätzlicher Aspekt dieser Abwehr durch Skandalisierung ist, dass Antisemitismus externalisiert und rassistisch instrumentalisiert wird. Der Antisemitismus, der im Selbstverständnis der gojischen Deutschen nicht mehr existieren darf, wird auf rassifizierte »Andere« projiziert, insbesondere auf muslimische Communities und auf Geflüchtete, denen eine muslimische Identität zugeschrieben wird. Auf diese Art und Weise kann Antisemitismus als »importiertes« Problem definiert werden, mit dem wc-Deutsche nichts zu tun haben – denn diese hätten ja den Nationalsozialismus erfolgreich aufgearbeitet und somit den Antisemitismus überwunden. Muslim_innen werden in Deutschland, so Saba-Nur Cheema, einem generalisierten Antisemitismusverdacht unterworfen. Sie betont dagegen:

> Oft wird in aktuellen Debatten über Antisemitismus diskutiert, wie weit verbreitet antisemitische Einstellungen bei Muslim*innen sind. Das Existieren antisemitischer Einstellungen in islamisch geprägten Gesellschaften und bei deutschen Muslim*innen darf nicht geleugnet werden, während es gleichzeitig keine signifikante Korrelation zwischen Muslimsein und antisemitischen Haltungen gibt.[23]

23 Cheema, Saba-Nur, »Gleichzeitigkeiten. Antimuslimischer Rassismus und islamisierter Antisemitismus. Anforderungen an die Bildungsarbeit«, in: Mendel/Messerschmidt (Hg.), *Fragiler Konsens*, S. 61–76, hier S. 65.

Leider lässt sich nicht von der Hand weisen, dass einige Juden_Jüdinnen bereit sind, bei dieser rassistischen Instrumentalisierung mitzumachen. Die Splittergruppe »Juden in der AfD«[24] ist hierfür sicherlich das Extrembeispiel, aber auch jenseits dessen sind Juden_Jüdinnen nicht davor gefeit, rassistischen Argumentationssträngen anzuhängen und diese zu verbreiten. Das ist bedauerlich, wenn auch eine Binsenweisheit, angesichts der realen Vielfalt von Juden_Jüdinnen auch hinsichtlich der politischen Haltungen. Umso wichtiger ist es, diesen Instrumentalisierungsversuchen eine linke Analyse von Antisemitismus entgegenzustellen, die zugleich konsequent antirassistisch ist.

Die Instrumentalisierung von Juden_Jüdinnen und Antisemitismus für antimuslimischen Rassismus ist ein Problem, das genauso entschieden bekämpft werden muss wie beispielsweise die rassistische Instrumentalisierung von »Frauenrechten« nach der Kölner Silvesternacht von 2015/16.[25] Doch in Bezug auf Antisemitismus vollziehen viele Linke stattdessen einen fatalen Kurzschluss im Denken: Aus der scheinbaren Überthematisierung und der Instrumentalisierung von Antisemitismus für rassistische Zwecke wird geschlussfolgert, dass der Antisemitismus selbst aufgebauscht oder gar herbeigeredet werde. Dass es also in Wirklichkeit keinen Antisemitismus gebe, oder jedenfalls keinen, der ein ernsthaftes Problem darstelle. Fatalerweise scheinen hier auch einige Linke der deutschen Staatsräson auf den Leim zu gehen.

Das ist absurd, denn aus anderen Zusammenhängen kennen wir, wie gesagt, ähnliche Formen der Instrumentalisierung, etwa wenn Deutschland sich als schwulen- und lesbenfreundliches Land inszeniert, in das Homofeindlichkeit vermeintlich erst durch Flucht und Migration Einzug hält. In der gleichen Weise wie bei der rassistischen Instrumentalisierung

24 Moses Mendelssohn Zentrum für europäisch-jüdische Studien, »›Die Juden in der AfD‹ und der Antisemitismus«, in: *Mitteilungen der Emil Julius Gumbel Forschungsstelle Antisemitismus und Rechtsextremismus* 2020, H. 7. Online abrufbar unter: www.mmz-potsdam.de/files/MMZ-Potsdam/Download-Dokumente/EJG_Mitteilungen_2020_01.pdf [letzter Zugriff: 31.01.2021].

25 Für eine Analyse dieser Instrumentalisierungen siehe z. B.: AK Fe.In, *Frauen*rechte und Frauen*hass. Antifeminismus und die Ethnisierung von Gewalt*, Berlin 2019, S. 119 ff.

von Antisemitismus wird in diesem Fall Homofeindlichkeit einem als muslimisch konstruierten Außen zugeschrieben. Die »Wir«-Gruppe der wc-Deutschen kann sich so als progressiv und liberal darstellen und ihre eigenen – unter anderem in christlichen Zusammenhängen tief verwurzelten – Ressentiments verdrängen. Dass dies ein rassistisches Narrativ ist, das sich unter anderem aus einer kolonialen Fortschrittsrhetorik speist, wurde gut analysiert,[26] und der Zusammenhang dürfte vielen progressiv denkenden Menschen vertraut sein. Dennoch zieht in linken Zusammenhängen daraus niemand den Schluss, es gebe keine Queerfeindlichkeit in Deutschland.

Wenn es also in Bezug auf Antisemitismus nicht möglich zu sein scheint, diese Gleichzeitigkeit von Instrumentalisierung und Diskriminierung wahrzunehmen, liegt die Vermutung nahe, dass wir es mit einer linken Strategie zur Abwehr der Auseinandersetzung mit Antisemitismus zu tun haben. Aus Opposition zu einer Abwehrstrategie der deutsch-gojischen Dominanzgesellschaft, die darin besteht, Antisemitismus durch die Projektion auf Muslim_innen zu externalisieren, wird die Auseinandersetzung mit Antisemitismus an sich verweigert – anstatt sich mit den Abwehrstrategien der Dominanzgesellschaft auseinanderzusetzen und die Kämpfe gegen Antisemitismus und Rassismus miteinander zu verbinden.

Linke Abwehrstrategien: Bagatellisierung, Leugnung, Täter_innen-Opfer-Umkehr

Diese linke Abwehr tritt nun in Form von Bagatellisierung *(»der Antisemitismus wird nur aufgebauscht«)* oder – konsequent weitergedacht – als Leugnung von Antisemitismus auf. In Deutschland ist die explizite und offene Leugnung von Antisemitismus in linken Kontexten viel-

26 Siehe z. B. Yılmaz-Günay, Koray (Hg.), *Karriere eines konstruierten Gegensatzes: Zehn Jahre »Muslime versus Schwule«. Sexualpolitiken seit dem 11. September 2001*, Münster 2014.

leicht nicht so weit verbreitet. Doch es reicht ein Blick in die Auseinandersetzungen rund um Antisemitismus in der britischen Labour-Partei unter Jeremy Corbyn, um diese Zusammenhänge aufzuzeigen – und auch deutlich zu machen, dass Spuren der Leugnung sehr wohl auch im deutschen und österreichischen linken Diskurs zu finden sind.

Bei Labour zeigte sich immer wieder der gleiche Mechanismus: Jüdische Labour-Mitglieder oder -Gruppen machten auf einen Fall von Antisemitismus in der Partei aufmerksam. Die Person oder Organisation, der Antisemitismus vorgeworfen wurde, sah in diesem Vorwurf eine zionistische Verschwörung, das Ergebnis israelischer Lobby-Arbeit oder eine Strategie zur Delegitimierung der linken Labour-Linie – und wies damit jede selbstkritische Reflexion weit von sich. Paradigmatisch für diesen Mechanismus ist der Labour-Politiker Ken Livingstone, der sich so sehr durch Antisemitismus und antisemitische Abwehr des Antisemitismusvorwurfs hervorgetan hatte, dass David Hirsh diese spezifische Abwehrstrategie nach ihm benannte: Die »Livingstone Formulation«[27]. Die »Socialists Against Antisemitism« hingegen nennen diesen Mechanismus schlicht »denialism«: Leugnung.[28]

Statt einer inhaltlichen Auseinandersetzung mit den Antisemitismusvorwürfen wird der Fokus verschoben, indem ein verstecktes Motiv auf Seiten derer unterstellt wird, die Antisemitismus zum Thema machen. Der Vorwurf wird dabei als haltlos und ungerechtfertigt dargestellt, ohne dass dies in irgendeiner Weise sachlich argumentiert wird. Allein die Unterstellung bösartiger Absichten (z. B. das unterstellte Motiv, die Kritik an Israel zum Schweigen zu bringen, oder die Anschuldigung, den Antisemitismusvorwurf lediglich für partei-interne Machtkämpfe zwischen dem »linken« und »gemäßigten« Flügel zu instrumentalisieren) genügt, um jede Antisemitismuskritik zu delegitimieren und jede Auseinandersetzung zu vermeiden. Schlimmer noch, Antisemitismus selbst wird zu etwas, das es in linken, antirassistischen Kontexten nicht geben

27 Hirsh, *Contemporary Left Antisemitism*, S. 11 ff.

28 Socialists Against Antisemitism, Facebook-Posting, 18.10.2020. Online abrufbar unter: www.facebook.com/282516792599319/posts/769507470566913/?d=n [letzter Zugriff: 30.01.2021].

kann, weswegen jeder Vorwurf immer nur eine fiese Unterstellung mit finsteren Motiven ist. Die Parallelen zu den oben analysierten Logiken der deutschen Dominanzgesellschaft sind frappierend.

Hier wird auf eklatante Weise eine Täter_innen-Opfer-Umkehr betrieben. Auch schwingen deutlich antisemitische Bilder mit, vor allem die Vorstellung von nebulösen Intrigen und Partikularinteressen, die sich am Ende wieder auf die Verschwörungserzählung einer die Welt beherrschenden »jüdischen Elite« zurückführen lassen. Dazu kommt ein höchst problematischer Effekt, der aus dem Beharren entstehen kann, Antisemitismus ausschließlich als eine Form von Rassismus zu definieren. Denn in diesem Umkehrnarrativ wird der Antisemitismusvorwurf mit der Begründung zurückgewiesen, dass der_die Beschuldigte nicht antisemitisch sein könne, da er_sie sich aktiv gegen Rassismus einsetze.[29] Die Offenheit und Selbstgefälligkeit, mit der über Jahre hinweg in der britischen Labour-Partei solche verschwörungsideologischen Umkehrnarrative praktiziert wurden, raubt bei näherer Betrachtung den Atem.[30]

In Deutschland und Österreich sind diese Abwehrstrategien ebenfalls vertreten. Vorrangig geht es auch hier um israelbezogenen Antisemitismus und insbesondere um die BDS-Kampagne. Zum Einsatz kommt meist ein Mechanismus, den wir das »Zensur-Argument« nennen. Dabei werden Antisemitismusvorwürfe als Angriffe auf die Meinungsfreiheit gewertet. Ein Beispiel ist die »Initiative GG 5.3 Weltoffenheit«, ein Zusammenschluss zahlreicher deutscher Wissenschafts- und Kultureinrichtungen, die im Dezember 2020 ein »Plädoyer« veröffentlichten, um sich »für die Verteidigung eines Klimas der Vielstimmigkeit, der kritischen Reflexion und der Anerkennung von Differenz einzusetzen«.[31]

29 Ohnehin ist das eine absurde Rechtfertigung, denn progressive Einstellungen können nie garantieren, dass kein Rassismus, Sexismus, Antisemitismus usw. reproduziert wird.
30 Wir können darauf nicht näher eingehen, aber empfehlen das Buch von David Hirsh: *Contemporary Left Antisemitism*. Hirsh war selbst lange Jahre Teil von linken Labour-Organisationen, und sein Buch vereint, neben einer Vielzahl von Beispielen, scharfe Analyse und politische Involviertheit auf hervorragende Weise.
31 Initiative GG 5.3 Weltoffenheit, *Plädoyer*. Online abrufbar unter: www.humboldtforum.org/wp-content/uploads/2020/12/201210_PlaedoyerFuerWeltoffenheit.pdf [letzter Zugriff: 30.01.2021].

Bedroht sieht die Initiative dieses Klima durch die im Mai 2019 vom deutschen Bundestag verabschiedete Resolution, der BDS-Bewegung zukünftig keine Finanzierung aus Bundesmitteln zuteilwerden zu lassen[32]. Es kann nicht oft genug betont werden, dass diese Resolution kein Verbot mit sich bringt, keinen Boykott von BDS und schon gar keine Zensur. Dennoch sieht die Initiative die »Freiheit von Kunst und Wissenschaft« in Gefahr, denn:

> Unter Berufung auf diese Resolution werden durch missbräuchliche Verwendungen des Antisemitismusvorwurfs wichtige Stimmen beiseitegedrängt und kritische Positionen verzerrt dargestellt.[33]

Hier wiederholen sich einige Muster, die wir bereits aufgezeigt haben: Der Antisemitismusvorwurf scheint schwerer zu wiegen als antisemitische Handlungen und Haltungen. Es wird unterstellt, dass der Vorwurf meist aus unlauterer Absicht erhoben wird, dass es dabei also um etwas anderes gehe als die Thematisierung von Antisemitismus. Mit den Inhalten, also den tatsächlichen Vorwürfen bzw. generell den Funktionsweisen von Antisemitismus, findet keine Auseinandersetzung statt. Es bleibt unvorstellbar, gleichzeitig (israelbezogenen) Antisemitismus zu bekämpfen und die Instrumentalisierung von Antisemitismuskritik für dominanzgesellschaftliche Zwecke zu kritisieren. Stattdessen argumentiert die »Initiative« genauso mit der »historischen Verantwortung Deutschlands«[34] wie die BDS-Resolution des Bundestags. Beide bewegen sich also auf der gleichen Bühne des deutschen Gedächtnistheaters.

32 Antrag der Fraktionen CDU/CSU, SPD, FDP und BÜNDNIS 90/DIE GRÜNEN, »Der BDS-Bewegung entschlossen entgegentreten. Antisemitismus bekämpfen«, in: Deutscher Bundestag, *Drucksache* 19/10191. Online abrufbar unter: dip21.bundestag.de/dip21/btd/19/101/1910191.pdf [letzter Zugriff: 13.05.2021].

33 Initiative GG 5.3 Weltoffenheit, *Plädoyer*.

34 Ebd.

Wir haben aufgezeigt, warum es wichtig und notwendig ist, Antisemitismus als eigenständiges Herrschaftsverhältnis zu analysieren, denn die Einordnung unter Rassismus macht nicht nur die Spezifik von Antisemitismus unsichtbar, sondern vor allem Juden_Jüdinnen als Betroffene. Nun gibt es nicht einfach eine Debatte über die Vor- und Nachteile der Einordnung von Antisemitismus als eine Form von Rassismus, sondern oftmals eine vehemente Zurückweisung der Analyse der Spezifitäten von Antisemitismus und ihrer Benennung durch einen eigenen Begriff. Darin schwingt leise die Unterstellung mit, Juden_Jüdinnen bekämen durch einen eigenen Begriff besondere und unangemessene Aufmerksamkeit. Dabei geht es hier lediglich darum, konkrete Formen von Diskriminierung spezifisch zu beschreiben. Gleichzeitig ist das Setzen solcher Begriffe klarerweise auch eine Intervention in ein diskursives Feld. Darin steckt die Aussage: Wir finden dieses Thema so wichtig, dass es einen eigenen Begriff braucht. Umso mehr schmerzt es, wenn den von Antisemitismus Betroffenen diese emphatische Unterstützung explizit verweigert wird. Dabei ermöglicht es gerade der spezifische Blick auf verschiedene Unterdrückungsverhältnisse sowie der Blick auf ihre Gemeinsamkeiten und Unterschiede und Besonderheiten, sich solidarisch ins Verhältnis zu setzen, ohne die Diskriminierungserfahrungen hierarchisieren zu müssen. Eigentlich wissen wir doch, dass der Kampf darum, wer am meisten diskriminiert wird, nicht zielführend und zermürbend ist, und auch ohne »Oppression Olympics« müssen Unterschiede nicht nivelliert werden.

Ähnliches gilt für Konkurrenzen im Feld der Erinnerungspolitik, wo oft (mehr oder weniger explizit) argumentiert wird, dass nach der intensiven Aufarbeitung der nationalsozialistischen Vernichtungspolitik eine Verschiebung des Fokus auf die mörderischen Ausbeutungspraktiken der deutschen kolonialen Herrschaft vorgenommen werden müsse. Ein Beispiel dafür ist ein Posting des Center for Intersectional Justice zum International Holocaust Remembrance Day am 27. Januar 2021. In der Caption dazu hieß es:

> So far, German memorial politics and ›Geschichtsaufarbeitung‹ have been celebrated across the world as an example, despite the fact that these politics are highly selective, rendering our collective memory of the WWII Genocide incomplete. This praise is partly earned and partly should be addressed with criticism and nuance. The ways in which the Jewish victims and their descendants have been treated by Germany should serve as the standard for all other victims of past genocides, including the Roma and Sinti, disabled people, Black people, Gay, Lesbian, Queer and Trans people during the Shoah, as well as the victims of the Namaa and Herero genocide and their descendants. Acknowledging, remembering and respecting victims means recognizing the humanity of their descendants today. Names need to be said, apologies need to be given, reparations need to be paid, and histories need to be told – not just today.[35]

Juden_Jüdinnen werden in diesem Posting als privilegierte Opfer dargestellt, die bereits in den Genuss einer vorbildlichen Aufarbeitungspolitik gekommen seien. Doch diese Darstellung der deutschen Erinnerungspolitik als vorbildliche Aufarbeitung und erfolgreiche »Wiedergutmachung« gegenüber den jüdischen Opfern folgt der Logik der deutsch-gojischen Selbstinszenierung, wie wir im vorangehenden Kapitel gezeigt haben. Die (richtige und unterstützenswerte) Forderung nach Reparationen suggeriert, Juden_Jüdinnen hätten ausreichend Entschädigungen und Reparationen erhalten. Dabei gab es, wie erwähnt, kaum materielle Entschädigungen, zudem lebt weltweit ein großer Teil der jüdischen Schoa-Überlebenden unter der Armutsgrenze. Was in dem Posting unerkannt und unbenannt bleibt, ist die Instrumentalisierung von Juden_Jüdinnen für genau jenes gojisch-deutsche Selbstbild als »Aufarbeitungsweltmeister«, das hier unkritisch reproduziert wird. Es ist besonders bitter und schmerzhaft, wenn andere diskriminierungskritische Akteur_innen dieser Selbstinszenierung aufsitzen.

Der Genozid an Herero und Nama, der Raub menschlicher Überreste und ihre Zur-Schau-Stellung in deutschen Museen, die Beteiligung

35 @cijberlin, Instagram-Posting, 27.01.2021. Online abrufbar unter: www.instagram.com/p/CKjKFcdi0U5 [letzter Zugriff: 30.01.2021].

Deutschlands und seiner Vorgängerstaaten am Versklavungshandel: Das sind nur einige der Themen, für die in den letzten Jahren ein wenig Platz im diskursiven Raum erkämpft werden konnte. Viel zu spät, viel zu wenig, mit viel zu geringen Konsequenzen. Aber warum sollte Erinnerungspolitik ein Nullsummenspiel sein? Es ist nicht einzusehen, warum die Erinnerung an die deutschen kolonialen Verbrechen an die Stelle der Erinnerung an die nationalsozialistischen Verbrechen treten sollte. Stattdessen sollten wir darauf beharren, dass beides thematisiert, weiter erforscht und präsent gehalten wird. Die Idee, dass den jüdischen Opfern der Schoa schon genug Aufmerksamkeit zuteilwurde, pflegt in diesem Zusammenhang nicht nur Opferkonkurrenzen, sondern redet auch einer Schlussstrich-Rhetorik das Wort, die in Deutschland schon immer auf sehr fruchtbaren Boden gefallen ist.

Die bereits beschriebene Funktionalisierung von Juden_Jüdinnen für das Selbstbild Deutschlands führt dazu, dass es tatsächlich in Deutschland eine andere Aufmerksamkeitsökonomie für Antisemitismus als für andere Herrschaftsverhältnisse gibt. Dies zeigt auch das beschriebene Beispiel von Maaßen, denn im Anschluss wurde nur über seinen Antisemitismus, nicht aber über seinen Rassismus gesprochen. Wichtig ist festzuhalten, dass es sich hier – der Rhetorik zum Trotz – in aller Regel nicht um ein wirkliches Sprechen über Antisemitismus handelt, das den Betroffenen zugutekommt und zu weniger Antisemitismus führt.

Um es zusammenzufassen: Der deutsche Staat nutzt seine Erzählung von der geglückten Aufarbeitung der NS-Verbrechen, um sich weder mit postnationalsozialistischen Kontinuitäten noch mit dem konkret von Juden_Jüdinnen heute in Deutschland erlebten Antisemitismus auseinanderzusetzen. Stattdessen werden Opferkonkurrenzen befördert und der vermeintliche Kampf gegen Antisemitismus rassistisch instrumentalisiert. Viele linke Aktivist_innen und sich als progressiv verstehende Menschen kritisieren fatalerweise nicht diese gojisch-deutsche Inszenierung, sondern verweigern Juden_Jüdinnen ihre Solidarität im Kampf gegen Antisemitismus, indem sie Antisemitismus kleinreden, bagatellisieren oder gar negieren. Mitunter geht das so weit, dass in einer Täter_innen-Opfer-Umkehr denjenigen, die Antisemitismus kritisieren, bösartige und rassistische Motive unterstellt werden. Diese Spaltungen, die durch Anerkennungs- und Aufmerksamkeitsökonomien und -konkurrenzen verursacht werden und am Ende lediglich der wc-deutschen Mehrheitsgesellschaft dienen, gilt es zu erkennen und sich dieser Dynamik zu entziehen, denn schlussendlich schadet sie allen marginalisierten Gruppen.

Oft geschieht die Abwehr der Auseinandersetzung mit Antisemitismus auch auf ganz und gar unspektakuläre Weise, indem Antisemitismus nicht mitbedacht wird. Das zeigt sich in der üblichen Aufzählung unerwünschten Verhaltens an linken Orten, in der Antisemitismus meist nicht enthalten ist. Das zeigt sich darin, dass in Stellenausschreibungen explizit (und wichtigerweise!) Menschen mit (familiärer) Migrationsbiographie und BIPoC zur Bewerbung aufgefordert werden, Juden_Jüdinnen jedoch zumeist nicht – selbst dann nicht, wenn es in der Stelle auch um Antisemitismus geht. Es zeigt sich daran, wie klein die Gedenkdemo ein Jahr nach dem Attentat in Halle war – auch wenn es großartig und wichtig ist, dass es sie überhaupt gab, und dass sie vom Antirassistischen Aktionsbündnis (ABA) gemeinsam mit einigen der Nebenkläger_innen im Prozess gegen den Täter von Halle organisiert wurde[36]. Es zeigt sich in unseren Social Media Feeds, wo Antisemitismus nie die gleiche Aufmerksamkeit erreicht wie andere Themen – und das in unseren Bubbles, die sicherlich schon vergleichsweise stark dafür sensibilisiert sind.

Was fehlt, ist ein Bewusstsein dafür, dass Antisemitismus ein Problem ist, das aktuelles Handeln erforderlich macht, und dies ein Herrschaftsverhältnis ist, von dem konkrete Menschen betroffen sind. Zum einem liegt es, wie gezeigt, daran, dass die Auseinandersetzung mit Antisemitismus mittels verschiedener Abwehrstrategien vermieden wird. Doch auch dort, wo aus gojischer Perspektive über Antisemitismus gesprochen wird, ist dieses Sprechen meist so stark gojnormativ strukturiert, dass es oft wenig hilfreich und manchmal sogar kontraproduktiv ist. Darum soll es im folgenden Kapitel gehen.

36 Aktionsbündnis Antira, »Halle-Gedenkdemo in Berlin«, Facebook-Event. Online abrufbar unter: www.facebook.com/events/763639451155410 [letzter Zugriff: 30.01.2021].

8. DAS GROSSE GOJLABER*: VOM GOJNORMATIVEN REDEN ÜBER ANTISEMITISMUS

* Antmann, Debora, »Glossar der jüdischen Bitterkeit«, in: *Missy Magazine*, 21.11.2017. Online abrufbar unter: missy-magazine.de/blog/2017/11/21/glossar-der-juedischen-bitterkeit [letzter Zugriff: 30.01.2021]. Den Begriff »Goylaber« haben wir von Debora Antmann, haben ihn aber hier unserer Schreibweise von »Goj« angepasst.

Bisher haben wir argumentiert, dass die Auseinandersetzung mit Antisemitismus sowohl in der Linken als auch in der Mehrheitsgesellschaft abgewehrt wird. Wir haben dargelegt, wie daraus ein ohrenbetäubendes Schweigen entsteht, das Juden_Jüdinnen das Gefühl gibt, mit dem allgegenwärtigen Gefühl der Bedrohung allein gelassen zu werden. Jetzt könnte man einwenden: Wieso Schweigen? Wird nicht in Deutschland ständig über Antisemitismus gesprochen? Und gibt es nicht in der deutschen und österreichischen Linken ein Bewusstsein für Antisemitismus, das mit Blick auf linke Bewegungen weltweit einzigartig ist? In diesem Kapitel wollen wir uns genauer der Frage zuwenden, wie in Deutschland über Antisemitismus gesprochen wird. Der Fokus liegt dabei weniger auf der Frage des »wie viel«, da wir bereits gezeigt haben, dass darin meist Abwehrstrategien und/oder Anerkennungskonkurrenzen verborgen sind. Stattdessen sehen wir uns an, wie über Antisemitismus gesprochen wird, wer über Antisemitismus spricht, und wessen Stimmen dabei nicht gehört werden. Spoiler: Es sind die jüdischen Stimmen.

Für den deutschen Diskurs haben wir bereits gezeigt, dass die spezifische Art und Weise, über Antisemitismus zu sprechen, letztendlich zu einer Tabuisierung führt. Es geht bei dieser »Thematisierung« nicht um Antisemitismus als eine Form der Diskriminierung, von der Juden_Jüdinnen konkret heute in Deutschland betroffen sind, sondern eigentlich um ein Kreisen um die Thematik der deutschen Schuld. Juden_Jüdinnen haben dabei höchstens die Funktion von Statist_innen, wenn sie nicht ohnehin als tot imaginiert werden. Oder sie werden gehegt und gepflegt wie wertvolle Haustiere, die ganz stolz präsentiert werden: Seht her, wir haben wieder Juden! Echte lebendige Juden! Haben wir das nicht gut gemacht?

Deutschland präsentiert sich als geläutert, von den Mörder_innen der Juden_Jüdinnen sind die deutschen Gojim zu ihren Beschützer_innen geworden. Doch um Antisemitismus tatsächlich zu bekämpfen, müsste endlich ein echter Prozess der Entnazifizierung in Gang gebracht werden, der bei Polizei, Verfassungsschutz, Justiz und Armee beginnen könnte. Daran besteht jedoch kein Interesse, denn ein Eingeständnis der Allgegenwärtigkeit von Antisemitismus in der deutschen Gesellschaft würde das schöne Bild der von Schuld gereinigten Nation zerstören. Das obsessive Sprechen über Antisemitismus ist in Deutschland, wie erläutert, das Gegenteil einer Auseinandersetzung. Es deckt zu, macht unsichtbar und unansprechbar, verhindert Empathie – kurz, es macht die Existenz von Antisemitismus zum Tabu.

Antisemitismuskritik als Kampf der Theorieschulen

Die Analyse dieser Zusammenhänge ist unter anderem ein Ergebnis der linken Auseinandersetzung mit Faschismus, mit der postnationalsozialistischen Gesellschaft, mit der Zumutung deutscher Erinnerungspolitik, und mit den verschiedenen Formen von Antisemitismus, die darin in Erscheinung treten. Begriffe wie »sekundärer Antisemitismus« oder »Schuldabwehr-Antisemitismus« wurden popularisiert und gerieten zu wichtigen Werkzeugen in der Analyse der postnationalsozialistischen Gesellschaft und ihrer rechten Kontinuitäten. Doch die Kritik, die aus diesen Auseinandersetzungen entwickelt wurde, richtete sich auch nach innen. Die Forderung, dass sich linke Gruppen und Personen mit ihrem eigenen Antisemitismus auseinandersetzen und eine klare Haltung dazu entwickeln sollten, die ab den 1990ern und in den 2000ern von sogenannten Antideutschen erhoben wurde, prägte die Zeit, in der wir politisiert wurden. Für eine kurze Zeit gelang es, Antisemitismus in Teilen von linken Zusammenhängen zu problematisieren und besprechbar zu machen, und auch den plumpen israelbezogenen Antisemitismus der sogenannten anti-imperialistischen Linken etwas zurückzudrängen.

Zugleich darf nicht verschwiegen werden, dass einige der zentralen Akteur_innen der sogenannten antideutschen Szene seit spätestens Ende der 1990er Jahre immer wieder rassistisch, kulturalistisch, sexistisch und queerfeindlich argumentierten oder im Sinne von »wer nicht für uns ist, ist gegen uns« fragwürdige Allianzen eingingen.[1] Hiervon grenzen wir uns klar ab, diese Positionen sind für uns indiskutabel. Allerdings wurden und werden sexistische, queerfeindliche und rassistische Tendenzen auch innerhalb dieser Zusammenhänge scharf kritisiert, denn der Teil der Linken, der oft als »antideutsch« oder »israelsolidarisch« bezeichnet wird, ist genauso wenig homogen wie andere Subszenen. Viele Aktivist_innen haben im Kern ein intersektionales Verständnis von Unterdrückungsstrukturen, auch wenn manche andere Begriffe und theoretische Rahmungen dafür nutzen.

Wir möchten die Anstrengungen, die in aktivistischer und analytischer Sicht unternommen wurden, um die Auseinandersetzung mit linkem Antisemitismus in Deutschland und Österreich zu forcieren, explizit würdigen. Diese Ebene geht verloren, wenn »Antideutsche« oder »Anti-Ds« (in der lässig-jargonhaft verkürzten Form) pauschal als Kartoffeln abgetan werden, die in ihrer *weiß*-deutschen Nabelschau um sich selbst kreisen, anstatt sich mit ihren eigenen Rassismen auseinander zu setzen.[2] Die »Anti-Ds« werden auf diese Weise als Pappkamerad aufgebaut, um sich durch eine pauschale Zurückweisung selbst als fortschrittlich darzustellen und gleichzeitig gegen Kritik zu immunisieren. Auch hier geht es eher um eine Abwehr von inhaltlichen Positionen, die das eigene (linke) Selbstbild ankratzen könnten, als um eine differenzierte Beschäftigung mit Antisemitismus und der Geschichte linker Bewegungen in Deutschland.

Dennoch war und ist das »antideutsche« Sprechen über Antisemitismus stark gojnormativ geprägt. Eine grundlegende Problematik liegt darin, dass dieses oft als Streit zwischen verschiedenen Theorieschulen ausgestaltet wird. Auf der einen Seite stehen die Vertreter_innen der

1 Cheema, Saba-Nur, »Es gibt doch ein richtig oder falsch?! Antideutsche und andere Dogmaten«, in: Berendsen/Cheema/Mendel (Hg.), *Trigger Warnung*, S. 91–104, hier S. 95 ff.

2 Ein schönes Beispiel für diese verzerrte Darstellung ist: Ilany, Ofri, »Germany's pro-Israel Left Has a New Target in the Crosshairs. Jews«, in: *Haaretz*, 23.01.2020. Online abrufbar unter: www.haaretz.com/world-news/.premium-germany-s-pro-israel-left-has-a-new-target-in-the-crosshairs-jews-1.8438634 [letzter Zugriff: 30.01.2021].

Kritischen Theorie, die sich mit Antisemitismus beschäftigen, auf der anderen die Vertreter_innen von Poststrukturalismus und postkolonialer Theorie, die sich auf die Thematisierung von Rassismus fokussieren.[3] Ein Interesse daran, diese beiden Analysebereiche in Dialog miteinander zu bringen, besteht kaum. Von rassismuskritischer Seite fehlt oft ein Verständnis für die Spezifik von Antisemitismus und die Bereitschaft, sich damit auseinanderzusetzen. Von Seiten der Kritischen Theorie wird poststrukturalistische und postkoloniale Theorieproduktion hingegen gerne belächelt und nicht ernst genommen. Dafür wird ein einheitliches Feld imaginiert, in das kurzerhand verschiedenste feministische und queerfeministische Bereiche, post-, de- und antikoloniale Ansätze, Critical Whiteness u. v. m. eingeordnet und unter dem Begriff »Identitätspolitik« zu einem vermeintlichen Ganzen verschmolzen werden.[4]

Leider wird auf diese Weise die Antisemitismusanalyse mit einer Reihe von Themen vermengt, die mit Antisemitismus nichts zu tun haben, und deren Analyse nichts zum Verständnis von Antisemitismus beiträgt. Ein prominentes Beispiel dafür ist der Sammelband »Beißreflexe«, der 2017 von Patsy l'Amour laLove herausgegeben wurde.[5] Wie der Untertitel »Kritik an queerem Aktivismus, autoritären Sehnsüchten, Sprechverboten« zeigt, geht es darin um eine Kritik an, oder besser gesagt, um eine Abrechnung mit queerem Aktivismus, der unter dem Schlagwort »Identitätspolitik« gefasst wird. Unter dem Dach dieser Chiffre wird über Sprechverbote geklagt, über Triggerwarnungen und das Sprechen über Privilegien, die als autoritäre Strategien zurückgewie-

3 Arnold, Sina, »›Across lines of color‹. Das Verhältnis schwarzer und jüdischer Communities in den USA«, Vortrag im Rahmen der Aktionswochen gegen Antisemitismus, veranstaltet vom Bündnis gegen Antisemitismus – BgA Köln, 30.11.2020. Online abrufbar unter: youtu.be/RaT9PlOhn3U [letzter Zugriff: 5.12.2020].

4 Edthofer, Julia, »Rassismuskritik oder Gegenaufklärung? Linke Debatten um Critical Whiteness & Cultural Appropriation«, in: Forschungsgruppe Ideologien und Politiken der Ungleichheit (FIPU), *Beitragsarchiv*, 17.2.2017. Online abrufbar unter: forschungs gruppefipu.wordpress.com/2017/02/17/rassismuskritik-oder-gegenaufklaerung [letzter Zugriff: 20.01.2021].

5 L'amour laLove, Patsy (Hg.), *Beißreflexe. Kritik an queerem Aktivismus, autoritären Sehnsüchten, Sprechverboten*. Berlin 2017.

sen werden und mit ihnen aktivistische Konzepte wie Definitionsmacht, Safer Spaces oder Betroffenenzentriertheit.[6] Problematisch ist nicht so sehr die Kritik an diesen Theorien und Konzepten, sondern die Weigerung, sich auf solidarische und komplexe Weise mit ihnen auseinanderzusetzen – was eine Reflexion des Entstehungskontextes mit sich bringen würde und dementsprechend eine Anerkennung dessen, dass es sich nicht nur um abstrakte Begriffe handelt, sondern um Herangehensweisen, die für viele Menschen eine existenzielle Dringlichkeit haben. Die polemische Grundhaltung des Bandes macht solidarische Kritik jedoch von vornherein unmöglich.[7]

Unter dem Titel »Pinkwashing und Antisemitismus« finden sich in diesem Buch vier Texte, die um die Thematik des israelbezogenen Antisemitismus kreisen. Das ist, gelinde gesagt, kontraproduktiv für das Ziel, queer-feministische und andere linke Aktivist_innen für Antisemitismus zu sensibilisieren. Im Gegenteil, was dadurch erreicht wird, ist eine Verknüpfung der Kritik an Antisemitismus mit Queerfeindlichkeit, Sexismus und antimuslimischem Rassismus, und dies mit einem polemischen und überheblichen Gestus. Es ist diese Mischung, die unter dem abfälligen Label »anti-d« als selbstgefälliges Um-Sich-Selbst-Kreisen abgetan werden kann – samt der Kritik an Antisemitismus. Dabei handelt es sich deutlich um eine Abwehrstrategie, mit der die Beschäftigung mit dem eigenen Antisemitismus bequem vermieden werden kann, und wir möchten Leute, die diese verkürzte Verknüpfung dankbar annehmen, keinesfalls aus der Verantwortung entlassen. Doch Fakt ist, dass diese Form der Thematisierung nicht dazu führt, dass Antisemitismus mehr ins Bewusst-

6 Für eine kritische Auseinandersetzung mit »Beißreflexe« siehe z. B. Voß, Heinz-Jürgen, »Die Kritik in ›Beißreflexe‹ hat keinen intellektuellen Biss, sondern will nur verletzen. Eine Auseinandersetzung mit dem aktuellen Diskussionsstand«, in: *Das Ende des Sex. Biologisches Geschlecht ist gemacht*, 14.06.2017. Online abrufbar unter: dasendedessex.de/die-kritik-beissreflexe-hat-keinen-intellektuellen-biss-sondern-nur-verletzen-eine-auseinandersetzung-mit-dem-aktuellen-diskussionsstand [letzter Zugriff: 30.01.2021].

7 Als gelungenerer Versuch der solidarischen Beschäftigung mit ähnlichen Konzepten und ihren Problematiken siehe den Sammelband Berendsen/Cheema/Mendel (Hg.), *Trigger Warnung*.

sein rückt, sondern dazu, dass der diskursive Raum, der für das Sprechen über Antisemitismus zur Verfügung steht, weiter verkleinert wird. Dazu passt, dass es in diesen Analysen selten um konkrete Auswirkungen von Antisemitismus auf Juden_Jüdinnen geht. Die Zurückweisung von »Identitätspolitik« bedeutet, dass es auch keinen Raum für die Perspektiven von denjenigen gibt, die von Antisemitismus betroffen sind.

Antisemitismus: Wer spricht?

Auch in »antideutscher« Kritik bleibt Antisemitismus als Thema abstrakt. Was fehlt, ist das Bewusstsein, dass es sich dabei um eine reale Unterdrückungs- und Gewalterfahrung handelt, die reale Personen in der heutigen Gegenwart betrifft. Nicht gehört werden die Perspektiven von Betroffenen. Es fehlt aber auch die Reflexion der eigenen, meist gojischen, Sprechposition und das eigene In-Bezug-Setzen zum Thema. In dieser Hinsicht ist das »antideutsche« Sprechen über Antisemitismus in den allermeisten Fällen ebenso von Gojnormativität durchzogen wie die deutsch-gojische Mehrheitsgesellschaft sowie diejenigen Teile der Linken, die Antisemitismus beschweigen oder als Thema vom Tisch wischen.[8] Alle müssen sich die Frage gefallen lassen: Wer spricht über Antisemitismus? Wer entscheidet darüber, ob oder wie über Antisemitismus gesprochen wird und mit welchen impliziten oder expliziten Anliegen? Um wen oder was geht es dabei? Wer hat die Wahl, sich mit Antisemitismus auseinanderzusetzen oder es bleiben zu lassen?

Selbst in politischen Zusammenhängen, in denen es ansonsten als unumstößlich gilt, dass die Stimmen derjenigen, die von einer bestimmten Diskriminierung betroffen sind, gehört werden müssen, wenn es um

8 Auch wenn wir sagen, dass das Sprechen über Antisemitismus in all diesen diskursiven Räumen gojnormativ strukturiert ist, finden wir es doch in den allermeisten Fällen besser, wenn eine – wenn auch gojnormative – Auseinandersetzung mit Antisemitismus stattfindet, als wenn keine stattfindet, oder die Auseinandersetzung lediglich der Instrumentalisierung dient.

die Analyse dieser spezifischen Diskriminierung und den Kampf dagegen geht, scheint dies für Antisemitismus kaum zu gelten. Auf keinen Fall können Juden_Jüdinnen darauf vertrauen, dass ihr Erleben von Antisemitismus als Ausgangspunkt der Debatte außer Frage steht, unabhängig von der jeweiligen Antisemitismustheorie und -definition. Im Gegenteil, wir haben im vorherigen Kapitel schon ausgeführt, dass oft eine unlautere Absicht unterstellt wird, als würden Juden_Jüdinnen »den Antisemitismusvorwurf« nur erheben, um ihre »Gegner_innen« zu verunglimpfen oder sich sonst einen Vorteil zu verschaffen.

Dazu kommt die Problematik der Unsichtbarkeit, denn allzu leicht kann die persönliche Betroffenheit übersehen werden. Anders als bei anderen Diskriminierungsformen wird nämlich *nicht* gleich eine persönliche Involviertheit angenommen, wenn die Diskriminierung problematisiert wird. Wenn ich ein antisemitisches Argumentationsmuster kritisiere, ohne dass ich meine jüdische Positioniertheit explizit markiere, werde ich automatisch als »antideutsche Kartoffel« oder »philosemitische Deutsche« wahrgenommen. Wir haben bereits zum Thema Sichtbarkeiten und Unsichtbarkeiten von Juden_Jüdinnen einen Textauszug der Gruppe Latkes*Berlin zitiert, in dem sehr eindrücklich beschrieben wird, wie sie diese Zuschreibung auf dem alternativen CSD in Berlin erlebt haben, bei dem Versuch, den Antisemitismus in der Rede des Wagenplatzes Kanal dem Awareness-Team gegenüber anzusprechen. Immer wieder zeigt sich an solchen Beispielen, wie undenkbar es für viele erscheint, dass sich in beliebigen Räumen und Kontexten auch Juden_Jüdinnen befinden.

Das liegt unter anderem daran, dass sich das Sprechen über Antisemitismus in Deutschland fest in gojischer Hand befindet. Auch antisemitismuskritische linke Aktivist_innen nutzen die Analyse und Theoriebildung zu Antisemitismus mitunter als Profilierungsfeld, ohne jeglichen Bezug zu Juden_Jüdinnen oder ihren Erfahrungswelten herzustellen. Problematisch wird dies vor allem durch das fehlende In-Bezug-Setzen, wie Floris Biskamp kritisiert:

> Man könnte lernen, dass es ebenfalls eine fragwürdige Praxis ist, wenn sich Enkelinnen und Urenkelinnen von NS-Verbrecherinnen – die Mehrzahl der

Ideologiekritikerinnen sind eben dies – durch die Lektüre einiger antisemitismuskritischer Texte und ein paar Klicks in irgendwelchen Webshops eine auf T-Shirts und Stoffbeuteln ablesbare irgendwie jüdisch-israelische Identität verpassen und sich bequem und risikolos mit dem Judentum gegen die Deutschen identifizieren.[9]

Auch die Bildungsarbeit zum Thema Antisemitismus wird in Deutschland nach wie vor meist von Gojim für Gojim gemacht.[10] Für jüdische Kinder, Jugendliche oder auch Erwachsene führt das dazu, dass sie immer wieder mit ihren Emotionen und Gedanken allein gelassen werden. Für sie gibt es weder eine Identifikationsfigur in der Person der Lehrenden oder Bildungsarbeitenden, noch ein Gefühl der Gemeinschaft im Erleben von Antisemitismus. So bleiben sie entweder unsichtbar in der gojischen Normsuppe und müssen alles mit sich selbst ausmachen, oder sie werden im schlimmsten Fall als eine Art Anschauungsobjekt exponiert. Das ist keine theoretische Überlegung – sondern eine Erfahrung, die wir seit unserer Kindheit immer wieder gemacht haben und die vielleicht gerade deshalb so schmerzhaft ist, weil uns das selbst für so lange Zeit normal und alternativlos vorgekommen ist.

Das Problem des »Goysplaining«[11] zum Thema Antisemitismus zeigte sich zudem bei der Zusammensetzung des von der Bundesregierung einberufenen Expertenkreises zum Thema Antisemitismus, in dem ursprünglich kein einziges jüdisches Mitglied vertreten war. Erst nach Kritik unter anderem von Seiten jüdischer Organisationen und entsprechenden Diskussionen in den Medien wurden zwei jüdische Mitglieder nachträglich berufen.[12] Im Rahmen der von diesem Kreis verantworte-

9 Biskamp, Floris, »Der weisse Faden. Erbstreitigkeiten, Strickpullover und Critical Whiteness«, in: *testcard* H. 25 (2017), S. 236–243. Online abrufbar unter: www.researchgate.net/publication/350896090_Der_weisse_Faden_Erbstreitigkeiten_Strickpullover_und_Critical_Whiteness_In_Testcard_25_S_236-243 [letzter Zugriff: 12.05.2021].

10 Chernivsky, »Thematische Einführung in das Diskussionsforum«.

11 Antmann, »Glossar der jüdischen Bitterkeit«.

12 Deutscher Bundestag, »Bericht des Unabhängigen Expertenkreises Antisemitismus«, in: *Dokumentations- und Informationssystem für Parlamentarische Vorgänge.* Online abrufbar unter: dip21.bundestag.de/dip21/btd/18/119/1811970.pdf [letzter Zugriff: 30.01.2021], S. 17.

ten Expertise, die 2017 veröffentlicht wurde, wurden unter anderem die Perspektiven von Juden_Jüdinnen auf Antisemitismus erfasst – zum allerersten Mal in Deutschland. Es ist kaum zu glauben, doch bis dahin gab es nur Studien, die die antisemitischen Einstellungen der Bevölkerung untersuchten, nicht jedoch eine fundierte Beschäftigung damit, wie Juden_Jüdinnen Antisemitismus erleben.

All diesen Fällen von Gojsplaining liegt eine gemeinsame Problematik zugrunde, nämlich die implizite Annahme, dass deutsche Gojim aufgrund ihres Deutschseins eine spezielle Expertise zum Thema Antisemitismus mitbringen.[13] Problematisch ist das vor allem deswegen, weil die gojische Perspektive nicht markiert wird, oder nur als »besondere Verantwortung« in Form eines moralischen Auftrags verstanden wird, aber ohne tatsächliches In-Bezug-Setzen. Als wäre Antisemitismus ein Thema, das deutsche Gojim schön objektiv von außen betrachten können. Es fehlt die Auseinandersetzung mit eigener Sozialisierung, eigenen Bildern, mit den Auslassungen und dem Schweigen in den (Herkunfts-) Familien. Marina Chernivsky formuliert eine Reihe von Notwendigkeiten für eine veränderte Form der gojischen Auseinandersetzung mit Antisemitismus:

> Es sollen Räume geschaffen werden, die es ermöglichen, die je eigenen Beziehungen zum Antisemitismus kritisch zu befragen. Wichtig ist es dabei, darauf zu achten, dass jede Beschäftigung mit Antisemitismus auch die Beschäftigung mit dem eigenen Verhältnis zu Jüdinnen und Juden nach sich zieht. Die Frage nach der Nähe und Distanz, nach dem Einschluss und Ausschluss von jüdischen Erfahrungen und Perspektiven sind eng damit verschränkt und werfen weitere Fragen auf nach der eigenen Positionierung in diesem Machtgefüge und der Reflexion über eine mögliche Dominanz: Was sehe ich (nicht)? Was begreife ich (nicht)? Was bringe ich (nicht) mit, wenn ich zu der Frage, ob und wann etwas antisemitisch ist, arbeite bzw. mich damit auseinandersetze?[14]

13 Hier ist klarerweise die analytische Expertise gemeint. Dass deutsche Gojim sich im *Ausüben* von Antisemitismus immer schon besonders hervorgetan haben und das weiterhin tun, soll nicht angezweifelt werden. Wobei es weltweit durchaus harte Konkurrenz gibt.

14 Chernivsky, »Zwischen den Generationen«, S. 111.

Es wäre ein erster Schritt, überhaupt mitzudenken, dass es Juden_Jüdinnen gibt, ihnen zuzuhören, wenn es um Antisemitismus geht, und sie in ihrem Erleben ernst zu nehmen. Das muss nicht unbedingt bedeuten, dass daraus eine gemeinsame Analyse von Antisemitismus entsteht, denn auf analytischer und definitorischer Ebene gibt es durchaus auch innerjüdisch einiges an Auseinandersetzungen darüber, was als Antisemitismus bezeichnet werden sollte, und was nicht. Genauso wie andere Selbstverortungen kann eine jüdische Positionierung im Sprechen strategisch eingesetzt werden, um die eigene Meinung und Analyse zu unterstreichen und zu legitimieren. Solche Einsätze im Sprechen nehmen wir alle in den verschiedensten Zusammenhängen sehr oft vor. Doch genauso wie es antifeministisch und sexistisch ist, Frauen zu unterstellen, sie würden aus strategischen Motiven Vorwürfe der sexualisierten Gewalt gegen Männer erheben, so ist es antisemitisch, bei der Thematisierung von Antisemitismus durch Juden_Jüdinnen von vornherein andere Absichten zu unterstellen – egal welche. Es wäre ein Anfang, wenn Gojim stattdessen mit Empathie zuhören und mit Respekt und Behutsamkeit nachfragen würden.

Damit keine Missverständnisse aufkommen: Die Forderung, Betroffene zu hören und ihre Perspektiven ins Zentrum zu rücken, ist kein Freibrief dafür, ihre Positionen zu instrumentalisieren, um auf diese Weise die eigene Meinung stellvertretend zu legitimieren. »Soundso ist auch Jude und findet nicht, dass das antisemitisch ist!« ist kein Argument, sondern eine Abwehrstrategie. »Meine jüdische Freundin sagt, dass dieses Bild antisemitisch codiert ist!« kann ein Anfang für eine Auseinandersetzung mit Antisemitismus sein, aber kein Ersatz dafür. Was wir fordern, ist nicht, dass die Analysen und Definitionen von Juden_Jüdinnen absolute und unhinterfragbare Gültigkeit haben, sondern dass Raum und Empathie gegeben wird, um das Erleben von Antisemitismus zu beschreiben, und dass darauf vertraut werden kann, dass Betroffenen grundsätzlich eine solidarische Parteilichkeit entgegengebracht wird.

9. RAUS AUS DER GOJNORMATIVEN KOMFORTZONE! FÜR SOLIDARISCHE BÜNDNISSE UND ALLIANZEN GEGEN ANTISEMITISMUS

Der Untertitel dieses Buches lautet »Warum wir anders über Antisemitismus sprechen müssen«. Was folgt nun aus unseren Analysen?

Zunächst einmal kann nicht oft genug betont werden, dass Antisemitismus als eigenständiges Herrschaftsverhältnis mit historisch und aktuell tödlichen Konsequenzen ernst genommen werden muss. Dazu ist zuallererst eine Beschäftigung mit der Geschichte, Ideologie, Wirkungsweise und den Folgen von Antisemitismus notwendig. Dies wird auch unter vielen (queer-feministischen) Linken immer wieder vernachlässigt, weil Antisemitismus oftmals mit der Schoa gleichgesetzt wird und aufgrund der (vermeintlich) ausgiebigen Thematisierung in der Schule ein diffuses Gefühl herrscht, »das alles« mehr als ausreichend bearbeitet zu haben. Oder weil Antisemitismus unter Rassismus subsumiert und dadurch unsichtbar gemacht wird.

Dazu kommt, dass das Unwissen über Antisemitismus selbst ein strukturelles Problem darstellt, wie Anne Goldenbogen und Sarah Kleinmann betonen:

> Zu den Antisemitismus ermöglichenden und fortschreibenden Verhältnissen gehört auch, dass die Unkenntnis über Struktur und Wirkungsweise von Antisemitismus weit verbreitet ist, nicht selten sogar bei denen, die Judenhass ablehnen.[1]

Antisemitismus muss, auch in den eigenen Reihen und im eigenen Denken und Handeln, erkannt und kritisiert werden, auch wenn es anstrengend oder unbequem ist.

Des Weiteren braucht es Solidarität und Empathie mit den Betroffenen! Juden_Jüdinnen müssen in ihren Erfahrungen, ihrem Schmerz, ihren Ängsten ernst genommen werden. Dabei geht es nicht nur um Erfahrungen mit aktuellem Antisemitismus, auch wenn damit schon viel

1 Goldenbogen/Kleinmann, *Aktueller Antisemitismus in Deutschland*, S. 9.

gewonnen wäre. Es geht auch um transgenerationale Erfahrungen und eine Sensibilität für die Folgewirkungen der Schoa.

Wir haben viele der Abwehrmechanismen aufgezeigt, die in Bezug auf Antisemitismus wirken. Genauso wie bei anderen Herrschaftsverhältnissen müssen diese erkannt und bearbeitet werden. Dabei geht es auch um die eigenen Verstrickungen und das Erkennen eigener antisemitischer Bilder, Affekte und Traditionslinien. Sabine Hark und Paula-Irene Villa plädieren für eine »kritische, selbstreflektierte Positionierung«:

> Worum es geht, ist, sehen zu lernen, was uns zu sehen gegeben wird. Wahrzunehmen, was wir gelernt haben wahrzunehmen und was uns vorenthalten wird. Aufmerksam werden für das, was wir ausblenden, bisweilen wissen- und willentlich. [...] Positionierung impliziert [...] Verantwortlichkeit für die Praktiken, die uns Macht verleihen [...].[2]

Antisemitismus wird immer wieder nicht erkannt, heruntergespielt oder ausgeklammert – und in der Konsequenz werden Juden_Jüdinnen unsichtbar gemacht. Dies liegt, wie ausgeführt, an der Konstruktion von Juden_Jüdinnen als privilegiert, an der gojnormativen Ausblendung von jüdischen Realitäten in ihrer tatsächlichen Vielfalt, an der Verortung von Juden_Jüdinnen in der Vergangenheit und ihrer Instrumentalisierung für die erinnerungspolitischen Narrative von Deutschen mit Nazihintergrund, an dem Fehlen von Begriffen, an konzeptuellen Leerstellen oder schlicht und ergreifend an Antisemitismus an sich.

Wir hoffen, dass dieses Buch für Juden_Jüdinnen empowernd ist, indem es dabei hilft, die eigenen Erfahrungen besser einordnen zu können, sich mit anderen zu verbünden sowie eine Sprache für Erfahrungen und Emotionen zu finden. Diese Arbeit der Analyse, der politischen Einordnung, der öffentlichen Äußerung trotz Anfeindungen und Hasskommentaren bis hin zu Morddrohungen, leisten viele jüdische Aktivist_innen schon lange, und wir haben versucht, dies so gut wir konnten

2 Hark, Sabine / Villa, Paula-Irene, *Unterscheiden und herrschen. Ein Essay zu den ambivalenten Verflechtungen von Rassismus, Sexismus und Feminismus in der Gegenwart*, Bielefeld 2017, S. 25.

zu würdigen. Wenn wir sagen, dass wir ausgehend von jüdischen Positionierungen schreiben, ist uns gleichzeitig bewusst, wie partikular diese Perspektiven sind – nicht zuletzt, weil unsere eigenen Verortungen selbst ambivalent sind und sich der Bezug darauf immer mal wieder ändert. Deshalb war und ist es uns ein besonderes Anliegen, Identitäten immer in ihren Komplexitäten wahrzunehmen.

Kritisches In-Beziehung-Setzen statt »positionalem Fundamentalismus«

Wir haben ausgeführt, dass es bisher kaum Begriffe oder Konzepte gibt, um die dominante oder privilegierte Position im Herrschaftsverhältnis Antisemitismus begrifflich fassbar und damit benennbar zu machen. Auch ist es bisher noch recht unüblich, über gojische Privilegien zu sprechen. Hier setzt unsere Idee der Gojnormativitätskritik an, und auch der Vorschlag, im Intersektionalitätskonzept die Achse Antisemitismus zu spezifizieren durch die Möglichkeit der relativen Verortung zwischen den Polen Jude_Jüdin und Goj.

Was könnte also daraus entstehen, wenn Gojim eine Praxis der Reflexion ihrer eigenen gojischen Positioniertheit und der damit einhergehenden Privilegien und Abwehrmechanismen pflegen würden? Anzumerken ist, dass die gojische Positioniertheit immer intersektional gedacht werden muss, denn eine Person mit familiärer Migrationsgeschichte ist auf andere Weise gojisch als eine Person mit geographisch ungebrochener *weiß*-deutscher Familienbiographie, anders als eine afrodeutsche Person, anders als ein_e Rom_ni, anders als ein_e Sinto_Sintizza.

Es gibt sicherlich einige Fallstricke bei diesem Reflexionsprojekt, wie bei anderen Versuchen bzw. Ansprüchen der Reflexion der eigenen Positioniertheiten auch. Wie *Weiße* dazu neigen können, um das Leiden am eigenen Rassismus zu kreisen (»white tears«) und/oder sich dafür so schuldig zu fühlen, dass sie handlungsunfähig werden, so können Gojim beispielsweise Gefahr laufen, zum »Heulgoj« zu werden oder in »gojisches Geißeln« zu verfallen. Gleichzeitig droht, als gojisches Pendant zur Figur des »white saviour«, der exzessive Philosemitismus in Gestalt des »Judenretters« von heute. Ganz zu schweigen von der Projektion in die familienbiographische Vergangenheit, in der Oma oder Opa als »Judenretter« imaginiert werden. Es wäre also nichts gewonnen, wenn »Goj« lediglich ein neuer Begriff ist, der in einer Reihe von Positionierungen genannt wird, und keine daran anschließende tiefere Auseinandersetzung mit Antisemitismus stattfindet. Dann bleibt es bei einem selbstbezogenen Kreisen um sich und ggf. die Scham über die eigenen Privilegien. Davon hat kein_e Jude_Jüdin etwas gewonnen.

Die individuelle Reflexion eigener Positioniertheit muss also stets in kritischer Auseinandersetzung mit strukturellen Herrschaftsverhältnissen stattfinden, da Herrschaftsverhältnisse sonst auf individuelle Sprachhandlungen (wie z. B. Positionierungen) oder andere Verhaltensregeln reduziert werden. Es geht also auf der einen Seite auf individueller Ebene um die Reflexion verinnerlichter antisemitischer Bilder und um die Beschäftigung mit der eigenen Familiengeschichte sowie dem eigenen materiellen und kulturellen Erbe. Dabei darf es aber nicht stehen bleiben, da Herrschaftsverhältnisse sonst individualisiert und strukturelle Ebenen nicht erkannt und bekämpft werden können. In letzter Konsequenz geht es ums Handeln. Und zwar um ein Handeln, das den Betroffenen zugutekommt und sich gegen Antisemitismus einsetzt, in jeder Ausprägung.

Zu einem kritischen In-Beziehung-Setzen der eigenen Positionierung mit den gesellschaftlichen Verhältnissen gehört auch, dass einerseits jüdische Perspektiven ins Zentrum gerückt werden müssen, wenn es um Antisemitismus geht. Andererseits ist nicht alles automatisch richtig, was Juden_Jüdinnen zu Antisemitismus sagen und nicht nur Juden_Jüdinnen können/sollen/dürfen über Antisemitismus sprechen. Hark und Villa kritisieren den essentialisierenden Kurzschluss des »›positionalen Fundamentalismus‹, der aus jeder Positionierung im sozialen Raum eine unausweichliche Position zur Welt ableitet«. Sie führen diesbezüglich aus:

> Positionierung meint nicht, dass mit einer bestimmten sozialen Position – weiblich, jüdisch, lesbisch, bildungsbürgerlich, katholisches Arbeiterkind, migrantisch, exiliert, weiß, süddeutsch – unausweichlich ein bestimmtes

> Denken, eine Haltung oder eine politische Perspektive verbunden ist, die von der Position erzwungen wäre. Oder auch nur bestimmte Erfahrungen zu machen sind, die notwendigerweise mit einer solchen Positionierung einhergehen. Positionierung – ein ebenso dynamischer wie komplexer Prozess – verstehen wir vielmehr als die Anerkennung dessen, dass soziale Positionen etwas mit uns machen – und zwar jenseits unserer Verfügung –, wir aber zu diesen Positionen auch eine Haltung einnehmen können, wir in der Lage sind, etwas mit ihnen zu machen. Womöglich gar nicht anders können, als etwas aus ihnen zu machen.[3]

Es geht uns also mit unserem Buch und unseren Forderungen nicht in erster Linie um eine weitere identitäre Unterteilung, und schon gar nicht um ein Verharren in der christlichen Metaphysik der gojischen Schuld. Vielmehr geht es uns um ein Ernstnehmen von Erfahrungen und eine Überführung in solidarische Praxen gegen Antisemitismus.

Und auch wenn es in diesem Buch viel um jüdische Perspektiven ging, so bleibt doch richtig und wichtig, was Ruth Klüger schreibt:

> [...] daß zwar die Folgen des Antisemitismus ein jüdisches Problem waren, und dazu ein beträchtliches, der Antisemitismus selbst jedoch das Problem der Antisemiten, mit dem sie gefälligst und ohne meine Hilfe fertig werden möchten.[4]

Allianzen und Bündnisse

Der Kampf gegen Herrschaftsverhältnisse geht nur gemeinsam – das gilt auch für Antisemitismus. Auf die Fragilität von Bündnissen in feministischen Kontexten sind wir im Kapitel zu Intersektionalität bereits eingegangen. Dabei könnte gerade ein intersektionaler Ansatz, der Juden_Jüdinnen konsequent mitdenkt, ein guter Ausgangspunkt sein, wie auch Katrin Reimer-Gordinskaya und Selana Tzschiesche betonen:

3 Ebd, S. 26.
4 Klüger, Ruth, *weiter leben. Eine Jugend*, München 1994, S. 14.

> Dass Jüd*innen queer oder von Sexismus betroffen sein können, dass sie als Migrant*innen Diskriminierung erleben und als Menschen, die mit wenig Geld über die Runden kommen müssen, marginalisiert sind – all das zeigt ja, dass Herrschaftsverhältnisse verflochten sind. Das kann ein Ansatzpunkt für gemeinsame Gegenwehr sein und es ist wichtig für die Frage, wie eine Gesellschaft der Vielen aussehen kann, in der Jüd*innen und jüdische Communities selbstverständlich präsent sind.[5]

Für die solidarische Zusammenarbeit gegen Antisemitismus, Rassismus und andere Herrschaftsverhältnisse ist es zunächst wichtig, die jeweiligen Erfahrungen anzuerkennen – und zwar auch in ihrer Unterschiedlichkeit. Im Kapitel zur »Abwehr von Antisemitismuskritik« haben wir beschrieben, wie Anerkennungskonkurrenzen zu Spaltungen führen, die schlussendlich nur der wc-deutschen Mehrheitsgesellschaft nutzen. Es gilt, dies zu erkennen, zu überwinden und sich nicht gegeneinander ausspielen zu lassen. Dafür müssen wir lernen, die verschiedenen Instrumentalisierungen zu durchschauen und uns ihnen zu widersetzen, auch wenn dafür manchmal ein großes Maß an Komplexitäts- und Ambiguitätstoleranz nötig ist. In Bezug auf Antisemitismus ist es gerade für Linke unabdingbar, nicht den Funktionalisierungen von Juden_Jüdinnen durch das deutsch-gojische Gedächtnistheater auf den Leim zu gehen und sich als Folge von den Betroffenen zu entsolidarisieren. Herrschaftsverhältnisse sollten nicht hierarchisiert und Konflikte nicht unter den Teppich gekehrt werden. Für eine solidarische Haltung und Praxis ist die Anerkennung von Differenzen genauso wichtig wie die Suche nach Gemeinsamkeiten und Verbindungen. Hierbei kann es hilfreich sein, einzelne Herrschaftsverhältnisse nicht mit den Funktionsweisen der jeweils anderen und die Unterdrückungserfahrungen von anderen nicht mit eigenem Schmerz zu vergleichen.

An vielen Stellen in diesem Buch haben wir aufgezeigt, wie und warum Juden_Jüdinnen aus intersektionalen Diskursen herausfallen und

5 Fried, Barbara, »Wehtu-Frage Antisemitismus. Alltagserfahrungen und solidarische Allianzen. Gespräch mit Katrin Reimer-Gordinskaya und Selana Tzschiesche«, in: *Luxemburg*, Mai 2021. Online abrufbar unter: www.zeitschrift-luxemburg.de/antisemitismus-alltagserfahrungen-allianzen [letzter Zugriff: 13.05.2021].

in politischen Praxen nicht mitgedacht oder unsichtbar gemacht werden. Es reicht nicht aus, »jüdisch« in einer Aufzählung lediglich mitzunennen oder ein paar Juden_Jüdinnen token-mäßig einzubinden, um einem Antisemitismusvorwurf zu begegnen. Es geht um ein dialogisches Miteinbeziehen, um die Wahrnehmung einer Vielfalt von jüdischen Positionen (auch solchen, die der eigenen widersprechen) und die konsequente Analyse von Antisemitismus als strukturelles Herrschaftsverhältnis in einer postnationalsozialistischen Gesellschaft.

Wie Hannah Peaceman schreibt: »Es muss darum gehen, sich in den Geschichten und Kämpfen der Anderen zu verorten und die eigene Geschichte für die Geschichten anderer zu öffnen.«[6] Unser Buch versteht sich unter anderem als ein Versuch, Möglichkeitsräume für ein solches Unterfangen zu eröffnen.

All dies ist herausfordernd, konflikthaft und ganz sicher nicht einfach. Aber wir sind der festen Überzeugung, dass es keine Alternative gibt und es nur gemeinsam gehen kann. Von daher: Raus aus der gojnormativen Komfortzone! Für solidarische Bündnisse und Allianzen gegen Antisemitismus!

6 Peaceman, »Verbindungswege zwischen jüdischen und migrantischen Kämpfen«, S. 120.

Julian Warner (Hg.)

AFTER EUROPE

Beiträge zur dekolonialen Kritik

Broschur
104 Seiten
12 €

ISBN 9783957324795

Die Dekolonisierung ist in aller Munde. In Kunst, Wissenschaft und Gesellschaft werden derzeit die eigenen kolonialen Verstrickungen nicht als ein zeitlich abgeschlossener oder räumlich ferner Zusammenhang, sondern als grundsätzliche Tiefenstruktur der modernen Welt reflektiert. Doch inwiefern müssen zentrale Annahmen und Begriffe der dekolonialen Kritik erweitert und neu gedacht werden, damit eine kritische Praxis im deutschsprachigen Raum heute nicht zur Phrasendrescherei verkommt?

In diesem Band problematisieren die Kunstvermittlerin Nora Sternfeld, die Protestforscherin Olga Reznikova und der Kulturanthropologe Rohit Jain zentrale Begriffe, streiten über den Universalismus und erörtern einen nicht-westlichen Imperialismus. Der Band dokumentiert das gleichnamige Symposium an den Sophiensaelen Berlin, auf dem offen diskutiert und nicht gleich festgestellt wurde.

Sascha Verlan / Almut Schnerring

EQUAL CARE

Über Fürsorge und Gesellschaft

Broschur
150 Seiten
18 €

ISBN 978-3-95732-427-6

Am Anfang und am Ende des Lebens sind wir darauf angewiesen, dass andere Menschen sich um uns kümmern, bedingungslos fürsorglich sind. Aber auch in den Jahren dazwischen: Wer kocht, räumt auf und putzt? Wer erzieht, betreut und pflegt? Wer hört zu und gibt Rückhalt? Wer ist bereit, die eigenen Wünsche zurückzustellen und sich hier und jetzt um andere zu kümmern? All diese Care-Aufgaben sind in unserer Gesellschaft sehr ungleich verteilt. Im professionellen Bereich sowie im Privaten.

Die Grundthese ist: Nur wenn Sorgearbeit zwischen den Geschlechtern gerecht aufgeteilt wird, haben alle Menschen gleichermaßen die Möglichkeit zur gesellschaftlichen Teilhabe, politisch und wirtschaftlich, in Kultur und Wissenschaft, beruflich und privat, auf allen Ebenen und Hierarchiestufen. Ausgehend von den Fragen »Was ist Care?« (mehr als pflegen und sauber machen), »Was ist Arbeit?« (mehr als die reine Erwerbsarbeit auf jeden Fall) und »Wie privat ist Fürsorge eigentlich?« (gar nicht) beschreibt das Buch die sozialen Verwerfungen, die der Gender Care Gap in den unterschiedlichen Lebens und Gesellschaftsbereichen nach sich zieht (ja, auch Männer sind davon betroffen). Wie kommt es, dass sich allen Erfolgen der Gleichstellungsbewegung zum Trotz im Sorgebereich so wenig verändert hat?

Frédéric Valin

PFLEGEPROTOKOLLE

Broschur
240 Seiten
18 €

ISBN 9783957324979

Wie geht es der Pflege, wie den Care-Berufen? Wie ging es den Menschen vor der Pandemie, wie währenddessen? Wie kamen sie in ihren Beruf und was haben sie dort erlebt? In Protokollen fängt Frédéric Valin die unterschiedlichen Lebensläufe, Motive und Erfahrungen jener Menschen ein, die sich kümmern: Altenpfleger*innen, Erzieher*innen, Sozialarbeiter*innen, Hospizmitarbeiter*innen, Geflüchtetenhelfer*innen.

Dabei entsteht ein aufschlussreiches, sehr persönliches und berührendes Bild jener Berufe; von den Aufgaben, Herausforderungen und Belastungen. Geschichten aus jenen Bereichen, vor denen die Gesellschaft allzu oft die Augen verschließt.

VERBRECHER VERLAG

Eva Berendsen, Saba-Nur Cheema und Meron Mendel

TRIGGER WARNUNG

Identitätspolitik zwischen Abwehr, Abschottung und Allianzen

Edition Bildungsstätte Anne Frank 1

Broschur
256 Seiten
18 €

ISBN: 978-3-95732-380-4

Identitätspolitik steckt in der Sackgasse: Empowerment wird auf Gender-Sternchen und die Vermeidung des N-Worts verkürzt. Überall sollen Minderheiten vor möglichen Verletzungen geschützt werden – in Uniseminaren, Kunst und Mode, im Netz und bei öffentlichen Events. Für alle, die Politik nicht mit eigener Betroffenheit belegen, schließt sich die Debatte. Wer mit der anspruchsvollen Pflichtlektüre nicht hinterherkommt, ist raus. Die solidarische Kritik an diesen Exzessen wird zum Dilemma in einer Zeit, in der Rechte gegen Unisextoiletten und die »Ehe für alle« hetzen – und Linke darin »Pipi fax« oder den Aufstieg von Trump begründet sehen. Zwischen Abwehr und Abschottung richtet der Band den Blick auf die Fallstricke der Identitätspolitik und sucht nach Allianzen jenseits von Schuldzuweisungen und Opferkonkurrenz.